ネイティブが使っている

43のテクニックで

英語が楽しくなる!

関 正生

高橋書店

「沈黙・フリーズ」をなくす本

　英会話の教材やアドバイスは書店にもネットにも氾濫しています。でもなぜか「沈黙対策・フリーズ対策」となると、ほとんど見かけない・強調されない気がしませんか。

　実際に英語で会話をしてみると、相手の英語がサッパリわからず「フリーズ」してしまったり、いきなりカフェの店員から How are you? と言われて、誰もが知る I'm fine, thank you. すら出てこなかったりするものです。

　本書はそういったことへの対策、つまり「会話を始める・続ける」ということを軸にした英会話本です。どのレベルの人にも役立つものとなっていますが、以下のような思いを抱えている人には特に効果的です。

☑ たくさん暗記するより、
　　「聞き覚えがある表現」から有効活用したい
☑ 会話の勉強を少しはやったが、
　　実際には口から出てこない
☑ 会話中の沈黙が多い・沈黙が気になる

レベルは初級者〜中級者を想定しています。初級者の方でも、本書にあるフレーズは聞いたことがあるものが中心になるので、現状「英会話に自信がない」「英会話を続ける以前に、そもそも口に出すこと自体が難しいんだけど」という方にも入りやすい・習得しやすいものになっています。また、「理屈はわからないけどとりあえず丸暗記してしまう」ということも極力避け、ちょっとした理屈・コツなどにも触れていきます。

　そして、簡単な英会話ならできる中級者の方には「フレーズ自体は知っていたけど、そんな役割があるんだ」という発見があります。単に「知っている」という段階から、実際に「使える」体験ができるでしょう。せっかく覚えたフレーズを使えないで「会話では沈黙ばかり」「1つ言えてもその後にラリーが続かない」という中級者によくある悩みに本書はドンピシャで応えます。

　取り上げているフレーズも英会話の例も、文字で読めば簡単ですが、こういった英会話を「実際にタイミング良く口にできる・会話を続ける」ことができると、もはやそのときは上級者の入り口に立っているはずです。いつか必ずやってくるその日を目指して、本書で勉強していきましょう。

関 正生

発売時点ですでに
大勢の人から支持されている教材

　本書の英文はオンライン英会話スクール『hanaso』で使われているオリジナル教材をベースにしています。hanaso には『hanaso メソッド』という、復習の時期と頻度をシステム管理して効率よく学習するメソッドがあります。

　書籍でこのシステム自体をそのまま再現することはできませんが、本編の重要フレーズは「エクササイズ」で再び登場するので「繰り返してマスターする」という仕掛け自体は本書にもしっかりと施されています。ページを読み進めていくうちに、「あ、またこれだ！」という体験ができるはずです。

　この 10 年以上もの間に、大勢の英語学習者がこの教材で英会話をトレーニングしてきました。一般に「本が売れた結果、たくさんの人が読む」ことはよくありますが、「本が出版された時点で、すでに大勢の人の英語力を育て上げた」教材というのは、そう多くはないでしょう。そんなこの本にはきっと何かしらの思いや熱意がこもっているものだと信じています。

　「ひとりでも多くの人が英語を話せるようになってほしい」という信念のもとにつくられ、実際に大勢の人が使用してきた hanaso のオリジナル教材を初めて紙面化したのがこの本です。

楽しいオンライン英会話

関正生監修の
オンライン英会話hanaso

書籍購入者特典

無料体験レッスン3回付き！

QRコードから、以下の手順にそって進めてください。

① QRコードを読み取って、無料会員登録をおこないます。
② 登録情報入力ページで「キャンペーンコード」に下記
　コードを入力ください。

キャンペーンコード：10290

③ 登録完了後に、無料体験レッスンを3回ご受講ください。
　※2回分の無料体験レッスンと1回分の振替レッスンを付与いたします。

ご質問・ご不明な点がございましたら下記までお問い合わせください。
hanasoサポート事務局　電話番号：050-5534-8205

音声ダウンロードの方法

パソコン・スマートフォン・タブレットで簡単に音声を聞くことが
できます。以下の手順に従ってダウンロードしてください。

① 右のQRコードを読み取るか、もしくは下記の専用サ
　イトにアクセスしてください。
　https://www.takahashishoten.co.jp/audio-dl/11345.html
② ①のページにアクセスし、パスワード「11345」を入
　力して「確定」をクリックしてください。
③ 「全音声をダウンロードする」のボタンをクリックしてください。
　※トラックごとにストリーミングでも再生できます。
④ zipファイルを解凍し、音声データをご利用ください。

※本サービスは予告なく終了することがあります。
※パソコン・スマートフォン等の操作に関するお問い合わせにはお答えいた
　しかねます。

本書の使い方

　基本的に「本というものは自由に、英語の勉強というものは楽しく」が続けるコツなので、みなさんなりのやり方・進め方でOKです。ただ「どうしていいかわからない」という方は以下を参考にしてみてください。

☑ 好きなところから読んでOK

　パッと見出しを見て、自分の好きなところから始めてOKです。自分の興味があるところにはアンテナが立ちやすく、吸収も早いはずです。

☑ 状況をイメージする

　会話の状況をできるだけリアルにイメージしてください。自分なりのアレンジも良いことです。会話相手（知人でもハリウッドスターでも）も想定することで映画のワンシーンのように印象に残りやすくなります。

☑ まずはフレーズを3回、さらに「エアー」で3回

　僕は英会話上達のためには「エアーで英語を口にする」練習が必要だと考えています。会話では英語を見ないで口にしないといけないので、その練習をしておくわけです。英文を見ながら口ずさんだ後は、目線を外して（もしくは目を閉じて）フレーズを3回言う習慣をつけましょう。

☑ 言えるようになったら、リズム・表情にも気を配る

　音声素材も活用してください。発音はみんな気にするのですが、リズムを真似ることも大事です（しかも発音を真似るより簡単）。その後は表情も意識してみてください。英語を話すことに夢中で無表情なことがよくあります。無理に同時にやるのではなく、まずは英語を口に出すことを最優先、その後、徐々に付け足していくイメージです。

●フレーズページ

テクニック
英会話が自然に続き、楽しくなる具体的なメソッドです

メインフレーズ
自然に口から出てくるように覚える。
まずは本を見ながら3回。
次に本を見ずに3回練習

解説
フレーズの効果や使い方がわかります

その他のフレーズ解説
メインフレーズ以外の使える表現や、対話で登場する表現を紹介

対話
状況をイメージしながら、覚えたフレーズが言えるかチェック。
リズムや表情も意識します

音声番号
音声の聞き方は5ページを参照

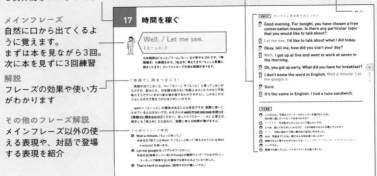

●エクササイズページ

ヒント
わからない問題はここから推測しましょう

解答・解説
答えのほか、発音のポイントや、使い方のコツも紹介

練習問題
穴埋め問題を使って、その対話に適したフレーズが、口から自然に出てくるかチェック

裏側にこたえ

CONTENTS

PART 1
英会話でフリーズしてしまう理由

PART 2
リアクションする

コラム1

コラム4
日本固有のものを
紹介するときのコツ 162

エクササイズとこたえ　116〜160 163

コラム5
まずは「日本語で言ってしまう」
のもアリ 206

エクササイズとこたえ　161〜184 207

おわりに 223

STAFF
デザイン：大場君人
イラスト：イノウエリエ
DTP：朝日メディアインターナショナル株式会社
校正：株式会社 鷗来堂
音声収録：ユニバ合同会社
ナレーション：Howard Colefield、Jenny Skidmore
編集協力：Karl Rosvold、桑原雅弘、河野有美、柳原愛（有限会社ストリームライナー）、
　　　　山角優子（有限会社ヴュー企画）

英会話で
フリーズして
しまう理由

フレーズを暗記したりレッスンを受けたり
して、英会話の練習をしているはずなのに、
いざ英語で話そうとしたら、口から英語が
出てこない…そんなことはありませんか。

最初に「英会話でフリーズしてしまう理由」
について、説明していきます。小難しい理論
は省いているので、気軽に読んでみてくださ
いね。

英会話を「続ける」ための本

 〈 英会話が止まってしまう 〉

　英会話の勉強を始めた頃は「会話表現を覚える」ことが中心になります。その次の段階として「覚えた表現を口に出す」ことが必要となります。「英会話の練習」といえば、ここまでの作業だと思われています。

　しかし、実際には、「覚えた表現を口に出してはみたものの、それ以上は会話が続かない」ということが起きるのです。沈黙が続き、気まずい思いをしたという経験は誰にでもあると思います。それは「実際の会話は1ターンで終わらない」からであって、このように言われてみれば「そりゃそうでしょ」と思われるのですが、英会話の学習でこのことが強調されたり、ましてその対策が語られたりすることはほとんどない気がします。

　英会話スクールであれば、英語を口に出せた時点でほめてもらえますし、その後の会話はネイティブの先生が主導してくれます。バラエティ番組で言うところの「場を『まわして』もらえる」のです。

　でも実際の日常会話・旅行での会話はそうとは限りません。つまりせっかく覚えた表現を使って通じた… しかし「そこで会話が止まってしまう」ことが多々あるのです。

「英会話を続ける」フレーズ集

　本書のフレーズは、ちょっと英語を勉強した人なら聞いたことがあるものを中心に集めました。では、従来の英会話の本と違う、この本の特長は何かというと、次の2点に集約されます。

①「会話を続ける」「会話のきっかけになる」ためのフレーズを厳選
②そのフレーズが「なぜ役立つのか？」「どんな役割があるのか？」にも注目

　英会話の本は「状況別」や「レベル別」にフレーズを載せるのが普通ですが、本書は「会話を始める」「会話を止めない」という切り口から、それに役立つフレーズを集めました。
　本書のフレーズをマスターすることで「自分から話題を振れる・気まずい沈黙を破る・会話のラリーを続ける・ピンチをチャンスに変える」などのメリットがあります。
　英語力そのものとは別に、性格から「なんだかうまく話せない・勇気がない」という人も多いと思いますが、「そんなとき、英語ではこういう便利なフレーズがあるんだ」とか、「そのフレーズを使うのが英語では自然なんだ」と納得することで、自然に無理なく英語を使えるようにもなります。

会話表現は「役割」を知ることが大切

 それぞれの「役割」まで知っておこう

　せっかく覚えたフレーズを自信を持って、かつ適切な場面で使えるようになるためには、そのフレーズの成り立ちだったり、ニュアンスだったり、もっと言えば「役割」を知っておく必要があります。英会話フレーズの「日本語訳」は当然説明されますが、「役割」となるとスルーされるのが普通です。

　たとえば、How about 〜?「〜はどうですか?」の日本語訳は説明されますよね。ところが、これは How about you? とすることで「相手に話を振るときに使える」のです。「自分のことを話した後、相手に会話の主導権を譲る」のは英会話のマナーですが、そのときに重宝するフレーズだということを意識していれば、「実際に使える」ことが増えるのです（108 ページ）。

　別の例では、by the way「ところで」があり、これも有名で知ってるという人も多いでしょう。しかし「雑談から本題に入るときに使える」とか「街中で話しかけられたとき、少し話をしてから相手の名前を聞くときに便利」ということはあまり教えられないと思います（いきなり名前を聞くと相手も警戒しますし、自然な流れではありません。ついでに、What's your name? も失礼です。自然な流れは 104 ページで）。

　さらにもう1つ挙げます。Have you ever been to 〜？「〜へ行ったことがありますか？」というフレーズも、これだけ示されたところで、特に重要なものには思えないでしょう。文法的に「現在完了形の経験を表す」とだけ説明されることも多いでしょう。

　しかし、海外に行ったとき「日本人？ 私、日本が好きで」と話しかけられることも多いのです（僕はよくあります。明らかに客引きだったり怪しい人の場合もありますが、そういうのではなく、電車で隣になった人や売店の店員、美術館の列にいるときなどです）。

　そんなとき、「私は大阪に住んでいるんだけど大阪には行ったことがある？」など、具体的に地名を聞くことは結構な高確率であるものです。それを知っていると、Have you ever been to 〜？ という表現が急に輝いて見えてくるとでもいうか、会話を続けるための超重要な役割を担っていると気づくのです。

　このように「役割」を知ることで、その大切さを意識できたり、適切なタイミングで使えたりするわけです。

wellは「時間稼ぎ」

「役割」について、もう少しじっくりと例を挙げて解説してみます。まずは well です。well には「上手に」という意味以外に、「えっと…」という意味があることは有名で、どの英会話の本にも載っています。しかし載ってはいるものの、これを「覚えるべきフレーズ」として取り上げたり、ましてその重要性が強調されることはなかったのではないでしょうか。

　そのせいか、英会話を勉強している人に「実際に well を使ったことがありますか？」と聞くと、大半の人が「使ったことがない」と回答します。これは単純に「なんだか使うのが恥ずかしい・照れくさい」という気持ちもあるでしょうが、一番の原因は「well の役割を教えてもらえない・強調されない」からだと思います。

　well は「えっと」という "日本語訳" を覚えるよりも、「時間稼ぎ」の "役割" だと意識することが大事なのです。つまり英語が出てこない（英会話が止まりそうな）ときに、「今は英語が出てこないので、ちょっと時間をください」というメッセージを伝える役割があるのです。

　これを知っていれば、「あ、ピンチ！　英語が出てこない」というときに、積極的に well を使えるようになる人が増えるはずです。しかも時間稼ぎなので、ちょっとゆっくりと

「ウェ〜ル…」と言うと、なおのこと雰囲気が出るのです（英語が出てこないだけなのに、ここまでカッコよくなる単語が他にあるのでしょうか）。

　さらに言えば、英会話において黙ってしまうのが一番よくないので、英語が出てこないときに well を使うのは「英会話でのマナー」とも言えます。

　ちなみについ日本語で「えっと」とか「あの…」と言ってしまうこともあるでしょうが、これは英語ネイティブたちからすると、かなり不思議な音に聞こえます。急に日本語が混ざるので、ちょっとびっくりされることがあるのです。

　以上のように、well は単に「えっと」という訳し方があるというだけでなく、「時間稼ぎ」という役割をハッキリさせることで、より明確・適切に、かつ自信を持って使いこなすことができるようになるのです。

　また、この well は「すでに学校で習っている」というのもポイントです。初めて見て覚えるというステップがなくなるので、使えるようになるまでの時間が早いのです（もちろん知らなくても忘れていても、それは今まで通りのステップであり、別に困る・不利になることはありませんのでご安心を）。

well...

That's a good question. は
「良い質問」とは限らない

　well は本編でも扱うので、本編で解説しないフレーズも
挙げてみましょう。１つめは well と同じ「時間稼ぎ」の役
割がある、That's a good question. というものです。直訳
すると「それは良い質問ですね」となりますが、実はこれ、
文字通りの意味以外に、鋭い質問や答えにくい質問をされた
ときのネイティブ流の「時間稼ぎ」として使われることが多
いのです。

　僕は職業柄、ネイティブに細かい質問をすることがありま
すが、よく "Oh, that's a good question." と言われます。
「そんなこと考えたことなかったけど、言われてみれば確か
に」という感じで使われます。他にも「知ってはいるけど、
即答するには少し頭を整理したいな」といったときにも使わ
れます。たとえば「神社とお寺ってどう違うの？」と聞かれ
たときのようなイメージです。

　みなさんはこの表現が「時間稼ぎ」として使えることを頭
に入れておけば、今後、実際に会話をするときや映画を見て
いるときに、That's a good question. と言った後に困った
顔をしたり、考え込んだり、意見をまとめようとするネイ
ティブスピーカーの姿を目にしても納得できると思います。
本編では、What's the difference between 〜？「〜の違い

は何ですか？」というフレーズを学びますが、これをマスターして、いつかネイティブに That's a good question. と言わせてみましょう（使用例は 191 ページで出てきます）。

　また、みなさんが使いそうな場面を想定した会話は以下のものです。下の女性がみなさんだと思ってください。

> What's your favorite kind of Japanese food?

> That's a good question.
> Hmm... Well, of course I like many kinds of Japanese food, like sushi, tempura, and ramen. But I'd have to say unagi is my favorite.

：日本食ではどんなものが一番好きですか？

：良い質問ですね。う〜ん… そうですね、もちろん好きなものはたくさんあります。たとえば寿司、天ぷら、ラーメンとか。でもやっぱりうなぎと言わざるを得ないかな。

※ like sushi 〜 の like は前置詞「〜のような・たとえば〜」

Come on! はツッコミ

　Come on! は「こっちに来なさい」という意味は有名ですが、それ以外の意味も会話でよく使われます。訳語としては「いいかげんにしろ・よせよ」などが並ぶことが多いです。

　でもみなさんは、訳し方よりも Come on! の「役割」を

知ってください。僕なりに定義すると、Come on! はお笑いの「ツッコミ」だと思っています。Come on! が使われているときは、英語でツッコミを入れているんだなと考えてみてください。

　もちろん相手が本気で笑わせようとしたボケとは限らず、日常に溢れる、天然のボケ、厳しいこと、謙遜… なんでも軽く「またあ・ほら・勘弁してよ」という感じで使えます。

 | **I don't think I can pass the test.**

 | **Oh,** come on, **you're smart enough to get at least a B.**

：試験、通らない気がする。
：またまた〜。B くらいはとれるでしょ。
※直訳「あなたは少なくとも B の評定をとれるくらいに賢いです」

　このように、Come on! の役割を知っていれば、日本語訳は何でも OK なんです。「よせよ！」「やめてよ！」「勘弁してよ！」「おいおい！」「またまた〜！」「何でやねん！」など、そのときに合ったものであれば何でもいいのです。無理に「Come on! は『やめてよ』という訳だから…」と覚えるより、「役割」を意識したほうが実際の場面ではサッと使えるのです。

英会話への取り組み方

 当事者意識を持てば効果倍増

　僕は職業柄、「英会話がうまくなるコツは？」という質問をよくされます。英語そのもの以外で、1つとても大事なことは「当事者意識を持って英会話の学習に取り組むこと」です。この本に出てくるシチュエーションを「すべて」とは言いませんが、「ほとんど」のことを、今後のみなさん自身に起こると考えて（思い込んで）読んでほしいのです。

> 人は（他人事ではなく）自分事だと思えたときに
> 能力が倍増する！

　これを証明する論文も本も読んだことはありません。単なる僕の経験則なのですが、でもそんな気がしませんか。車の運転で言えば、助手席に乗っていても道を覚えませんが、自分で運転すればしっかり覚えられることはよくあります。

　この助手席と運転席の関係って、英語の勉強にもそのまま通じる気がするのです。「他人事として会話のやりとりを読む」というのは助手席にいるようなもので、ある意味気楽ですが、得られるもの・吸収できるものはたいしたものではないと思います。

　これを自分事と捉えて、「実際に使う場面が遅かれ早かれやってくるんだ。そのときは自分の口から英語を出さないといけないんだ」と考えるのは運転席に座って自分がハンドルを握るようなものだと思います。

また、そこまで気張らなくても「自分の口でこれ言えたら、ちょっとカッコいいだろうなあ」でも OK です。気楽に運転するように軽快に英語の道を進むのもいいでしょう。

　いずれにせよ、少しでも「自分がそうなるんだ」という当事者意識を持つことは、一瞬にして自分の集中力と記憶力をグッと高める必殺技になると思いますよ。

 ## 英会話は「芸人のフリートーク」

　日常会話は「出たとこ勝負」だと思われがちですが、実際には「事前の準備（仕込み）で勝負が決まる」とも言えますし、「英会話って、芸人のフリートークに似ている」というのが僕の考えでもあります。

　TV のバラエティ番組で、一見即興で話をしているように見えるお笑い芸人たちのトークは、その多くが（場合によってはほぼ全部が）事前に用意されて考え抜かれたネタであったり、どこかで何度か話したことがあるものを、その場に合わせて「引き出している」そうです。普段から話の内容を磨き上げ、そのとっておきのネタをトークテーマに合わせて瞬時に引き出しているのは、まさにプロの技なのでしょう。

　ただ、ここで大事なことは「話のプロですらしっかりと準備している」ということで、それは日常会話でも同じです。といっても、面白いネタを用意する必要はなく、「こう言われたらこう返す」「こういうときはこう言う」といったこと

をしっかり用意して、自分の武器にしておけばいいのです。一見ペラペラとスムーズに会話している人たちを見ると「すごいなあ」と思うでしょうが、よく聞いていると、今まで何度も話したことだけで会話が構成されているということも多々あるのです。みなさんはこの本でしっかりその準備をしていきましょう。

 英会話で緊張してしまうという悩み

みなさんの中には「いざ英語を話そうとすると緊張してしまう」といった悩みを持つ人も少なくないと思います。そこでここでは僕なりの考えをお話しいたします。「あ、それいいかも」とか「試してみようかな」と思うことを1つでも取り入れてみてください。

☑「緊張する」のは真面目な証拠

緊張することは悪いことではありません。むしろみなさんが真剣に取り組んでいるからこそ緊張するわけです。緊張したときは「自分は真面目に取り組んでいる証拠なんだ」と考えてみてください。

僕は何百人もの前で話すことがよくありますが、何度やっても緊張します。同じ舞台なので「今日はあまり緊張しないなあ」と思うときは何かしらミスします。少しくらい緊張しているほうがうまくいくものです。

☑ 緊張するのは英語に限らない

よく考えてみると、緊張してしまうのは英語を話すときだけではありませんよね。そもそも、知らない人と話す、それも異国の人だと考えれば緊張するのは当たり前です。もし大好きなタレントに会えたら、緊張で日本語だって出てこないと思いますよ。悩むことではないのです。

☑ 緊張を「克服」しようとは思わない

間違っても「緊張をなくそう」とは考えないでください。オリンピックや大事な試合前の一流アスリートを見てください。スタートラインに立つ陸上選手、リングに上がるときの格闘家、演技開始直前のフィギュアスケート選手、こういった人たちの顔を思い出してください。何度もその舞台に立っているプロですら緊張した顔をしていますよね。「緊張しない方法」など知らないのです。ですから「緊張をなくそう」なんて思わないほうがいいです。そんなことを考えると、余計「ヤバイ、ヤバイ」って緊張するものなのです。

こうやって考えることで、「緊張するのは当たり前」だとわかり、少しは気がラクになるのではないでしょうか。

☑ 英語力そのものを上げる

「緊張しない性格になる」なんて不可能なことに取り組むのではなく、英語の力を上げるという可能なことに取り組んだほうがいいでしょう。

みなさんはどんなに緊張しても、自分の名前や誕生日が口から出てこないことはないと思います。それならば緊張していても当たり前のように英語が出てくるように、少しでも英語力を上げることを目指したほうがいいでしょう。英語力が10の人が、仮に緊張しないで10話せたとしましょう。もしみなさんの英語力がその人の3倍の30あって、緊張して半分しか話せなくても15のことを話すことができるわけです。だから英語の地力を10から30に上げていくほうが確実に結果が出ます。

また、緊張したときにも先ほどの well が使えます。「ウェ〜ル」と時間を稼ぎながら「well を口にする間に自分は落ち着くんだ」というおまじないのように考えてもいいでしょう。

☑ 声を大きくする

緊張すると、どうしても声が小さくなります。相手に通じないのは、英単語を間違えていたり、発音が悪いからではなく、単に「聞こえないだけ」ということがよくあるのです。そのときに相手から "What?" なんて言われるとパニックになるかもしれません。

英語を話すときは、普段から少し大きめのボリュームを意識してください。自分の声を大きくすることで自信もつきますよ。

本書でできるようになること

 43のテクニックとは？

　本書では重要キーフレーズを徹底的に使いこなすためのちょっとした発想・マインドセットを「43のテクニック」としてまとめました。

　テクニックはその根底にある発想によって、大きく5つに分類できます。それは、【リアクションする】【しかける】【あやつる】【広げる】【助けてもらう】というものです。

　このテクニックを使えば、「英会話が続かない・フリーズしてしまう」場面を、次のようなアクションによって打開できます。英会話が楽しくなること間違いなしです。

☑ 会話の沈黙を破る

☑ 返答に困ったり、黙りがちだったり、話が途切れたりするところで、スッと一言を添える

☑ 自分から話題を振れる

☑ わからない・聞き取れないという「ピンチ」を「チャンス」に変える

☑ モジモジしそうな場面で、なんかカッコ良いひとことを出せる

さあ、いよいよレッスンに入ります。6〜7ページの本書の使い方を参考にして、英会話が楽しくなるテクニックをつかんでいきましょう

PART 2

リアクション
する

　相手の言っていることが聞き取れず、バーッと英語でたたみかけられると、何を言っていいかわからず「フリーズしてしまう」ことってありますよね。そういったときに軽く Sorry? と言えば、「え、何?」という感じで、相手はもっとゆっくり・はっきり言ってくれるでしょう。

　わからないときは「わからないです」というリアクションをハッキリとることが大事で、当たり前に思えて意外とできないことをここでマスターしていきます。

01 すぐに聞き返す

> ## Sorry?
> （ごめん、何て？）

相手の言葉が聞き取れないときって、意外とフリーズしてしまいますよね。そういうときに便利なフレーズです。「ごめん、今何て言ったの？」という感覚で Sorry? を使えます。

> ## 〜 what?
> （何が〜だって？）

「一部分だけ」聞き取れないときには、その聞き取れなかった部分に what を代入すると、会話がめちゃくちゃスムーズになりますよ。

Sorry? と what? を使いこなす

Sorry? も「what を代入する方法」も学校で習うことはほとんどありませんが、実際の会話ではよく使われます。what の代入ですが、たとえば相手が I love surfing. と言って、みなさんが surfing を聞き取れなかったとき、You love what? や、Love what? と聞き返せば OK です。

その他のフレーズ解説

● Could you speak louder[more slowly]?
（大きな声で[もっとゆっくり]話していただけますか？）

対話001　オンライン英会話の文法レッスン

😊 **Today we are going to study countable and uncountable nouns.**
相手

😊 Sorry?
自分

😊 **I said (that) today we are going to study countable and uncountable nouns.**
相手

😊 **I'm sorry, but** could you speak more slowly?
自分

😊 **Oh, I'm sorry. Today, we are going to study countable and uncountable nouns.**
相手

😊 **Sorry, we are going to study** what?
自分

😊 **Countable and uncountable nouns. I'll type it for you.**
相手

😊 **Oh, now I understand.**
自分

😊 **Okay, let's read the following vocabulary words.**
相手

😊 **Sorry,** could you speak louder?
自分

日本語訳

😊 今日は可算名詞と不可算名詞について勉強します。

😊 ん？（もう一回言ってください）

😊 今日は可算名詞と不可算名詞について勉強します、と言いました。

😊 すみませんが、もう少しゆっくり話してくれませんか？

😊 ああ、ごめんなさい。今日は、可算名詞と不可算名詞を勉強します。

😊 すみません、何を勉強するって言いました？

😊 可算名詞と不可算名詞です。タイプしますよ。

😊 あっ、今わかりました。

😊 それでは、次の単語を読みましょう。

😊 すみませんが、もう少し大きな声で話してくれますか？

02 「わからない」と伝える

> ## I'm not sure.
> （よくわかりません。）

会話では黙ってしまうのが一番よくありません。わからないときは「わからない」とハッキリと告白してしまえば、それはそれで会話が続くのです。

know より sure を使う

英会話のレッスンでも、実際の英会話でも、言葉が出てこなくて、つい黙ってしまうことがありますよね。そこで焦って、さらにパニックになると、ますます英語が出てこなくなりますが、とりあえず「わからない」ということを伝えることで、相手に発言の順番をまわすことができます。

「わからない」といえば、I don't know. が浮かぶでしょうが、これは言い方によっては、かなりぶっきらぼうに（イヤな感じに）聞こえてしまうこともありえます。使うときは少し申し訳なさそうにするのもいいでしょう（右の対話に出てくるので意識して使ってみてください）。また I don't know. の代わりとして I'm not sure. が便利です。ちなみに、not を「ナッ」という風に発音すると、「わからない」と言っているのに、なんかカッコよく見えてきます。

その他のフレーズ解説

● **I think so./I don't think so.**
　（そう思います。／そうは思いません。）
● **You're right.**（その通りだね［あなたが正しい］。）

対話002 友だちとダイエットについての会話

😊 **Should I go on a diet?**
相手

😊 **No,** I don't think so. **You look fine.**
自分

😊 **Actually, some of my suits are getting kind of tight.**
相手 **I'm thinking about trying a high-protein diet. Do you think they work?**

😊 **I don't really know. I've never gone on one.**
自分 **But they're really popular, so I imagine they work for some people.**

😊 **Really? Do you think it will help me get bigger muscles?**
相手

😊 **I'm sorry but** I'm not sure. **I'm sure you can find information about that online.**
自分

😊 You're right. **I need to do some more research.**
相手

😊 **Tell me what you find out. I still think you already look fine, though.**
自分

日本語訳

😊 ダイエットしたほうがいいかな？

😊 いや、そうは思わないよ。大丈夫そうに見えるよ。

😊 実はスーツが何着かきつくなってきたんだ。高タンパク質ダイエットを試そうと思っているんだ。効果があると思う？

😊 よくわからないな。一度もやったことがないんだ。でも、本当に人気だから、人によっては効果があるんだろうね。

😊 本当？　筋肉をつけるのに役立つと思う？

😊 ごめん、けど、よくわからないんだ。きっとその情報はネットで見つけられると思うよ。

😊 その通りだね。もう少し調べてみなきゃ。

😊 何かわかったら教えてね。でも、そのままでも見た目は問題ないと思うよ。

きちっと返す

I'm good.
（元気ですよ。）

「実際の会話で How are you? は使われない」という意見も
ありますが、実際にはめちゃくちゃ使われます。それも意外な
場面でいきなりきます。そのときにサッと返せる準備をしておか
ないといけません。

"How are you?" はめちゃくちゃよく使われる

　以前オーストラリアに4日間滞在しただけで、ホテルのスタッフ、空
港の職員（チェックインカウンターの人だけでなく、荷物をチェックす
るスタッフからも）、靴屋の店員、タクシードライバー、カフェの店員
から、Hi, how are you? と言われました。

　このように、**How are you? は初対面でも普通の挨拶として使われ
るのです。これを知らないと、パッと返答が出てこない**ものです。
　また、返答には、I'm fine, thank you. でもいいのですが、これ
は日本人なら誰でも使うので、このフレーズ以外で簡単かつ発音も楽
で、こなれた印象を与えることができる、I'm good. をぜひマスター
してほしいと思います。

その他のフレーズ解説
● **How are you (doing)?**（元気ですか?）
● **Not bad.**（悪くないよ。）
● **So-so.**（まぁまぁかな。）　※実際には「微妙に悪い」感じ。

対話003　同僚と会ったとき

🧑 Hey Lisa, how are you (doing)?
相手

👩 I'm good.[I'm fine.] How about you?
自分

🧑 Not bad.
相手

👩 Say, it's almost lunchtime. Do you have any plans for lunch?
自分

🧑 I'm planning to eat at my desk.
相手

👩 How about joining me for Italian food?
自分

🧑 Sounds good.
相手

2

リアクションする

日本語訳

🧑 やあ、リサ。調子はどう？

👩 元気だよ。そちらはどう？

🧑 悪くないよ。

👩 もうすぐランチの時間だね。何かランチの予定はある？

🧑 自分のデスクで食べるつもりだよ。

👩 一緒にイタリアンを食べにいかない？

🧑 いいね。

別れ際をしっかり締める

Nice meeting you.
（会えてよかったです。）

初対面で Nice to meet you.「お会いできて嬉しいです」を使うことは有名ですが（144 ページで出てきます）、初対面での別れ際では意外と言葉が出てきません。そんなときに便利なのがこの表現です。

I have to go now.
（もう行かなくちゃ。）

何か予定があれば、I have to go now. を使います（予定がなくても、海外で変な人に話しかけられて、話を切り上げたいときにも使えます。友人はハンガリーで素敵な女性に声を掛けたら、これを言われたそうです）。

別れ際でサラッと使おう

海外で話しかけられたとき、楽しく英会話ができても切り上げどきをどうしていいかわからないときがあります。そんなときに最後に使うと締まりが良くなるのがこういった表現です。

その他のフレーズ解説

● **See you.**（またね。）
● **Have a nice day.**（よい1日を／ではまた。）

対話 004　イベントで知り合った人との会話

相手 I think your phone is ringing.

自分 Oh, it's my mom. Hold on a second.

相手 Sure.

〔after a few minutes〕

自分 I'm sorry but I have to go now. My mother needs my help at home.

相手 Oh, I see. That's too bad.

自分 Well, nice meeting you today. Can we hang out again sometime?

相手 Sure. I'd like that. You've got my contact info now, so text or call me anytime.

自分 I will. See you!

日本語訳

電話が鳴っているようです。

あ、母からです。ちょっと待ってください。

わかりました。

〔数分後〕

ごめんなさい、もう行かないと。母が家で私の助けを必要としているんです。

あっ、そうですか。残念ですね。

えっと、今日はお会いできてよかったです。またいつか一緒に会って話しましょう。

もちろん、そうしたいです。もう私の連絡先をご存じなので、いつでもメッセージか電話をしてくださいね。

そうします。ではまた！

事情を聞く

What happened?

（何があったの？）

相手がつらそうにしているときなどに、話を聞いてあげるためのフレーズです。言うまでもなく問い詰めるような言い方ではなく、心配しながら言う感じで使ってください。

話を聞いてあげるためのフレーズ

相手がつらそう、大変そうにしているときなど、意外と、Oh... と言うくらいしか言葉が出てこないことがありますが、「話を聞いてあげたほうがいいかな」というときに使えるフレーズです。What の発音は「ホワッ（ト）」よりも「ワッ（ト）」がよく使われます。

また、誘いを断るときには、以下のフレーズでも使われている make it と make it up が大事です。まず make it は「うまくいく」が核となる意味で、そこから「都合がつく・間に合う」などの意味になります。

次に、make it up は make up「埋め合わせる」の間に it「そのこと」が入った形です。make up は「マイナス点を埋め合わせて作り上げていく」というイメージです。

その他のフレーズ解説

● I'm sorry, but I can't make it + 日時 .
（ごめん、〜は都合がつかなくなっちゃった。）
　　※ 日時 には tonight「今夜」などを入れます。

● I'll make it up to you. （埋め合わせするよ。）

対話 005　友 だ ち と 予 定 の キ ャ ン セ ル に つ い て の 電 話

自分　Hello, what time are we going to meet up?

相手　Hi, I was just about to call you. I'm sorry, but I can't make it tonight.

自分　What happened? You sound depressed.

相手　It's nothing big. I've just had a headache since I woke up.

自分　Oh, no. You should get some rest tonight.

相手　I'm so sorry. I'll make it up to you.

自分　Don't worry about it. We can hang out anytime.

日本語訳

もしもし、何時に会う?

もしもし、ちょうど電話をかけようとしていたところだよ。ごめん、今夜は都合がつかなくなっちゃったんだ。

何があったの?　落ち込んでるようだね。

いや。ただ今朝からずっと頭痛がするんだ。

あらら。今夜は休んだほうがいいね。

本当にごめんね。埋め合わせするよ。

気にしないで。いつでも遊べるよ。

水に流してあげる

Don't worry about it.
（そのことは気にしなくていいよ。）

「助けてあげる」の延長として、落ち込んでいる相手をフォローしてあげる表現をマスターしましょう。間違っても「ドンマイ」なんて言わないようにしましょう。

「ドンマイ」は英語じゃない！

ミスした相手を励ますときに「ドンマイ」という言い方があります（最近の若い人は使わないかもしれませんが）。ただしこれを英語にした、×）Don't mind. という言い方は、実際の英語では使いません！

I don't mind.「私は気にしないけど」などの言い方はありますが、「励まし」には使わないでください。

励ます表現はいろいろあるのですが、ここでは Don't worry about it. をマスターしましょう。Don't worry! が有名なので覚えるのは簡単だと思います。ただ、ここでみなさんは about it をつけてみてください。漠然と Don't worry. と言うだけより、「それについては」と具体的に触れてあげるほうがより自然な英語になります。about it を「アバウディッ」と言うとカッコいい発音になります。
※ 37 ページの対話でも、都合がつかなくなった相手に Don't worry about it. と使われていました。

その他のフレーズ解説

● **make a mistake**（間違える）
● **That's all right.**（大丈夫ですよ。）
　※ That's right.「その通り」としっかり区別を。

対話006 同僚に相談する

👤 Can I talk to you now?

👤 Sure. What's wrong? You look sad.

👤 I made a mistake at work.

👤 What did you do wrong?

👤 I was an hour late for work, and my boss was really mad at me.

👤 I see. That's too bad.

👤 Yes.

👤 Don't worry about it. Take it easy, okay?

👤 You're right. Thank you for listening.

👤 That's all right. You can talk to me anytime.

日本語訳

👤 今話してもいいですか？

👤 もちろん。どうしたんですか？　がっかりして見えますよ。

👤 職場でミスをしてしまいました。

👤 何をしちゃったんですか？

👤 1時間仕事に遅れて、上司にすごく怒られちゃったんです。

👤 なるほど。残念ですね。

👤 はい。

👤 気にすることないですよ。気楽に行きましょう。

👤 そうですね。聞いてくれてありがとう。

👤 大丈夫ですよ。いつでも話してください。

「今は買わない」ことを伝える

No, thanks. I'm just looking.
（いえ、見ているだけです。）

いくら会話を続けるためとはいえ、買う気がないままの会話は苦しいですよね。まずはこのセリフを使ってみてください。決して気まずい雰囲気になんかならない、とても便利なフレーズなんです。

May I help you? にはきちんと返答を！

今回のフレーズはある意味、会話を終わらせるものとも言えるのですが、これを使いこなせる人が少ないことと、何より、店員が話しかけてきたときに「続けるフレーズ」なので、ぜひマスターしておきましょう。

May[Can] I help you? は「いらっしゃいませ」と訳されることが多いのですが、本来は「（お買い物の）お手伝いをしてもよろしいでしょうか？」→「何かお探しですか？」という感じです。

日本語の「いらっしゃいませ」に対して、「はい！」と返事する人はいませんが、英語の May I help you? には答えないといけません。

目当てのものがあるときは、I'm looking for some earrings.「イヤリングを探しています」や Can you tell me where the women's shoes are?「女性ものの靴はどこでしょう？」や Do you have jeans?「ジーンズはありますか？」と言えば OK です。

その他のフレーズ解説

● Can I try ~ on?（～を試着してもいいですか？）

対話007　洋服店での客と店員の会話

相手 Hi, can I help you?

自分 No, thanks. I'm just looking.

相手 Okay. If you need any help, please ask me anytime.

自分 Thank you.

〔after a few minutes〕

自分 Excuse me, do you have jeans?

相手 What size are you looking for?

自分 I'm a 30 inch waist and 28 inch leg.

相手 All right. How about these?

自分 Oh, I really like the color.

相手 I agree. We just got them in.

自分 Great. Can I try them on?

相手 Of course. The fitting room is over there.

自分 Thank you.

日本語訳

いらっしゃいませ。（何かお探しですか？）

いえ、大丈夫です。見ているだけです。

わかりました。何かありましたら、いつでもお声がけください。

ありがとうございます。

〔数分後に〕

すみません。ジーンズは置いてありますか？

どのサイズをお探しですか？

ウエストが 30 インチで、脚が 28 インチです。

わかりました。こちらはいかがですか？

お、素敵な色ですね。

私もそう思います。先日入荷したばかりですよ。

いいですね。これ試着してもいいですか？

もちろんです。試着室はあちらにあります。

ありがとうございます。

Column1

"Can you speak English?" の意図

みなさんが外国人観光客から "Can you speak English?" と話しかけられたとしましょう。そこで気まずそうに、"Li...Little" なんて言う必要はないのです。別にその外国人はみなさんの英語力を「判定」したいわけではないからです。実は Can you speak English? の意図は……

「あなたと話がしたい」なんです！

「何語だったらあなたとコミュニケーションがとれるの？ 英語ならどう？」って、最初に確認してるだけなんです。オーバーに訳せば「助けてください」とも言えるわけです。

もちろん英語で相手の要求を満たすことは難しいです。道案内や切符の買い方だってスラスラと英語で話すことは難しいものです。でも失敗しても失うものはありませんし、1つの経験だと思えばとても貴重なことだと思いますので、ダメ元で堂々と Yes! と言ってしまってもいいのではないでしょうか。その後に Can I help you with something?「何かお手伝いしましょうか？」と言ってみてください。突然話しかけられるわけですから、このひとことがパッと出せるだけですごいことですよ。

ちなみに、みなさんが海外（英語圏以外）で英語を使うときは、Can you speak English? より、Do you speak English? のほうがベターです。can は「英語を話す能力がある？」という感じで、人の能力を直接問うので、場合によってはちょっとカチンとくる人もいるかもしれないからです（あまり気にするほどではありませんが、念のため）。

1 Ⓐ 今何時かわかりますか？

Do you know what time it is?

Ⓑ ごめん、何て？

(　　　)?

2 Ⓐ 私太っていると思いますか？

Do you think I'm overweight?

Ⓑ そう思いません。理想的に見えますよ。

(　　　　　). You look perfect.

3 Ⓐ おはよう、元気？

Hi, (　　　　)?

Ⓑ 実は、ちょっと具合が悪くて。
病院に行かないと。

**Actually, I'm feeling kind of sick.
I should go to see a doctor.**

3
actually「実は」
kind of「ちょっと」
see a doctor「医者に
診てもらう」

4 Ⓐ 会えてよかったです。とても楽しい時間でした。

**(　　　　　). I had a great time
with you.**

Ⓑ こちらこそ。また会えるといいですね。

**Nice meeting you, too. I hope
we can meet again.**

こたえ

1 Ⓐ 今何時かわかりますか?

Do you know what time it is?

Ⓑ ごめん、何て?

Sorry?

I'm sorry? でも OK です。首をかしげるジェスチャーを入れると、より相手に「聞き取れなかった」ということが伝わりやすくなります。　　　　　　　　▶フレーズ 01

---

2 Ⓐ 私太っていると思いますか?

Do you think I'm overweight?

Ⓑ そう思いません。理想的に見えますよ。

I don't think so. You look perfect.

fat「太った」という単語は自分に使うのは OK ですが、直接的すぎるので、他人には overweight がベターです(今回のように自分にも使えます)。　　▶フレーズ 02

---

3 Ⓐ おはよう、元気?

Hi, how are you (doing)?

Ⓑ 実は、ちょっと具合が悪くて。病院に行かないと。

Actually, I'm feeling kind of sick.
I should go to see a doctor.

「相手が期待してないこと」を言うときは、actually で始めるとかなり良い感じです。I'm sick. で強すぎるときは、I'm feeling sick. や I'm kind of sick. を使って和らげます。　　　　　　　　　　　　　　　　　　　　　　　　▶フレーズ 03

---

4 Ⓐ 会えてよかったです。とても楽しい時間でした。

Nice meeting you. I had a great time with you.

Ⓑ こちらこそ。また会えるといいですね。

Nice meeting you, too. I hope we can meet again.

It was nice meeting you. としてもいいです。　　　　　　　　▶フレーズ 04

5 Ⓐ ごめん、金曜日の夜は都合が
つかなくなっちゃった。

**I'm sorry, but (　　　　　) this
Friday night.**

Ⓑ わかった。土曜日の夜はどうなの?

Okay. How about Saturday night?

6 Ⓐ 何かお探しですか?

May I help you?

Ⓑ はい、暖かいブーツを探しています。

**Yes, (　　　　) a pair of warm
boots.**

7 Ⓐ 間違えたかもしれません。

I think I made a (　　　).

Ⓑ 気にすることないよ。
誰でも間違えることはありますよ。

**Don't worry about it.
Everybody makes mistakes.**

8 Ⓐ 私の母は英語とイタリア語を話します。

**My mother speaks English and
Italian.**

Ⓑ もう少しゆっくり話していただけますか?

Could you (　　　　　)?

5 Ⓐ ごめん、金曜日の夜は都合がつかなくなっちゃった。

I'm sorry, but I can't make it this Friday night.

Ⓑ わかった。土曜日の夜はどうなの？

Okay. How about Saturday night?

他にも、make it to your party「パーティーへの都合がつく」のように、make it to 〜 の形で使うこともあります。　　　　　　▶フレーズ 05

---

6 Ⓐ 何かお探しですか？

May I help you?

Ⓑ はい、暖かいブーツを探しています。

Yes, I'm looking for a pair of warm boots.

look for 〜「〜を求めて (for) 見る (look)」→「探す」です。　▶フレーズ 07

---

7 Ⓐ 間違えたかもしれません。

I think I made a mistake.

Ⓑ 気にすることないよ。誰でも間違えることはありますよ。

Don't worry about it.
Everybody makes mistakes.

everyone・everybody は、意味は複数ですが、「単数扱い」をするので、動詞には三単現の s がつきます (makes)。　　　　　▶フレーズ 06

---

8 Ⓐ 私の母は英語とイタリア語を話します。

My mother speaks English and Italian.

Ⓑ もう少しゆっくり話していただけますか？

Could you speak more slowly?

more slowly は slower でも OK です。　　　　　　　▶フレーズ 01

9 Ⓐ 彼はいつも忙しいの?

Is he always busy?

Ⓑ よくわからないなあ。彼に聞いてみたら?

(　　　). Why don't you ask him?

---

10 Ⓐ 元気ですか?

How are you?

Ⓑ 元気ですよ。ありがとうございます。
あなたはどうですか?

(　　). Thank you. And you?

---

11 Ⓐ こんにちは! 　今から学校に行くの?

Hi! Are you going to school now?

Ⓑ こんにちは! 　そうですよ。

Hi! Yes, I am.

Ⓐ そうなんですね。いってらっしゃい。

Okay. Have (　　).

---

12 Ⓐ 本当にごめんね。埋め合わせするよ。

I'm very sorry. I'll (　　) to you.

Ⓑ 気にしないで。

Don't worry about it.

9 Ⓐ 彼はいつも忙しいの?

Is he always busy?

Ⓑ よくわからないなあ。彼に聞いてみたら?

I'm not sure. Why don't you ask him?

Why don't you 〜? は「なぜ〜しないの?」→「(せっかくだから)〜したら?」という「提案」表現です。　　　　　　　　　　　　　　　　　▶フレーズ 02

---

10 Ⓐ 元気ですか?

How are you?

Ⓑ 元気ですよ。ありがとうございます。あなたはどうですか?

I'm good. Thank you. And you?

カジュアルな場面では、I'm doing good. という言い方もあります。▶フレーズ 03

---

11 Ⓐ こんにちは!　今から学校に行くの?

Hi! Are you going to school now?

Ⓑ こんにちは!　そうですよ。

Hi! Yes, I am.

Ⓐ そうなんですね。いってらっしゃい。

Okay. Have a nice day.

Have a nice day. はスーパーの店員さんもよく使います。Thank you. Have a nice day.「ありがとうございました。またお越しくださいませ」のような感じです。
　　　　　　　　　　　　　　　　　　　　　　　　　　　　▶フレーズ 04

---

12 Ⓐ 本当にごめんね。埋め合わせするよ。

I'm very sorry. I'll make it up to you.

Ⓑ 気にしないで。

Don't worry about it.

Don't worry about it. は 38 ページをチェックしてください。　　▶フレーズ 05

ヒント

13Ⓐ こんにちは。何かお探しですか？

Hi, can I help you?

　Ⓑ いえ、大丈夫です。見ているだけです。

No, thanks. I'm (　　　　).

13
「だけ」はjで始まる単語を使ってみてください。

14Ⓐ 職場でミスをしたことはありますか？

Have you ever (　) a mistake at work?

　Ⓑ はい、あります。

Yes, I have.

14
Have youという現在完了形なので、動詞の形に注意してください（過去分詞形が入ります）。

15Ⓐ あなたはよく夕食を作りますか？

Do you often make dinner?

　Ⓑ もう少し大きな声で話していただけますか？

Could you (　　　　)?

15
「もう少し大きな声で」はlで始まる単語で、「もっと」の形に変化させてください。

16Ⓐ 日本人はとても優しいと思います。

I think Japanese people are very kind.

　Ⓑ その通りですね。

(　　　　).

16
「その通り」→「あなたは正しい」と考えてください。

2

リアクションする

13Ⓐ こんにちは。何かお探しですか？

Hi, can I help you?

Ⓑ いえ、大丈夫です。見ているだけです。

No, thanks. I'm just looking.

looking の最後の音（g）は鼻にかけて「ン（グ）」という感じにすると自然に聞こえます。　　　　　　　　　　　　　　　　　　　　▶フレーズ 07

14Ⓐ 職場でミスをしたことはありますか？

Have you ever made a mistake at work?

Ⓑ はい、あります。

Yes, I have.

make は、make-made-made という変化です。　　　▶フレーズ 06

15Ⓐ あなたはよく夕食を作りますか？

Do you often make dinner?

Ⓑ もう少し大きな声で話していただけますか？

Could you speak louder?

loud は「大きな声で」、louder は「より大きな声で」です。louder の時点で比較級になるので、more louder とはしないでください。　　▶フレーズ 01

16Ⓐ 日本人はとても優しいと思います。

I think Japanese people are very kind.

Ⓑ その通りですね。

You're right.

相手が間違ってると思う場合は、You're wrong. だと相手を非難しているように聞こえるので、I don't think so. が良いでしょう。　　▶フレーズ 02

ヒント

17 Ⓐ おはよう！ 元気?

Hi! How are you?

Ⓑ 悪くないよ。あなたはどう?

(   ). How about you?

17
「ない」の意味の単語
から始めて2語で言っ
てみましょう。

2

リアクションする

18 Ⓐ 外でランチを食べてきます。

I'm going out to have lunch.

Ⓑ わかりました。では。

All right. (   ).

18
「またあなたに会いま
しょう」という感じの
決まり文句です。

19 Ⓐ 君のパーティーに行けないんだ。

I can't make it to your party.

Ⓑ 何があったの?

(   )?

19
「何があったの?」→
「何が起こったの?」と
考えてください。

20 Ⓐ こんにちは。何かお探しですか?

Hello, may I help you?

Ⓑ はい、お願いします。ジーンズを探しています。

**Yes, please. I'm (   ) a
pair of jeans.**

20
「探す」は look を使っ
た熟語を使います。

こたえ

17Ⓐ おはよう！　元気？

Hi! How are you?

Ⓑ 悪くないよ。あなたはどう？

Not bad. How about you?

How about you? では you を強調して言います。　　　　　▶フレーズ 03

18Ⓐ 外でランチを食べてきます。

I'm going out to have lunch.

Ⓑ わかりました。では。

All right. See you.

you は ya「ヤ」と言うことが多いです。つまり、See you はよく See ya「スィーヤ」
と発音されることが多いです。　　　　　▶フレーズ 04

19Ⓐ 君のパーティーに行けないんだ。

I can't make it to your party.

Ⓑ 何があったの？

What happened?

I can't make it ＋ 日時 . 以外に、Ⓐのように、I can't make it to ＋ イベント .
もアリです。　　　　　▶フレーズ 05

20Ⓐ こんにちは。何かお探しですか？

Hello, may I help you?

Ⓑ はい、お願いします。ジーンズを探しています。

Yes, please. I'm looking for a pair of jeans.

jeans は「脚の部分が左右で2つある」ので「複数の s」がつきます。1本を表す
ときは、a pair of jeans を使います。　　　　　▶フレーズ 07

ヒント

21Ⓐ あなたのスマホを落としてしまって本当に
ごめんなさい。

**I'm so sorry I dropped your
smartphone.**

21
「大丈夫」は「オーライ」
という言い方がヒント
です。

Ⓑ 大丈夫ですよ。次から気を付けてくださいね。

**That's (   ). Please be
more careful with it next time.**

22Ⓐ 今日は頭が痛いです。

I have a headache today.

22
headache を「何」の
英語に置き換えてみま
しょう。

Ⓑ すみません、何が痛いって?

I'm sorry, you have (   )?

23Ⓐ 調子はどうですか?

How are you doing?

23
S で始まります。

Ⓑ まあまあかな。あなたはどうですか?

(   ). How about you?

24Ⓐ ごめんなさい、もう行かなければなりません。

I'm sorry, I (   ) now.

24
must と似た意味の語
句を使います。

Ⓑ わかりました。またね。

Okay. See you.

21Ⓐ あなたのスマホを落としてしまって本当にごめんなさい。

I'm so sorry I dropped your smartphone.

Ⓑ 大丈夫ですよ。次から気を付けてくださいね。

That's all right. Please be more careful with it next time.

相手が謝ったときに、それを許す表現として、That's all right. を使います。

▶フレーズ 06

22Ⓐ 今日は頭が痛いです。

I have a headache today.

Ⓑ すみません、何が痛いって？

I'm sorry, you have what?

who など、what 以外の疑問詞も代入できます。たとえば、I gave it to my sister. だったら、You gave it to who? と言えます。

▶フレーズ 01

23Ⓐ 調子はどうですか？

How are you doing?

Ⓑ まあまあかな。あなたはどうですか？

So-so. How about you?

「調子がまあまあ」以外に、「出来がまあまあ」（微妙に悪い）というときにも使えます。

▶フレーズ 03

24Ⓐ ごめんなさい、もう行かなければなりません。

I'm sorry, I have to go now.

Ⓑ わかりました。またね。

Okay. See you.

have to は「ハフトゥー」より「ハフタ」と発音するとより自然に聞こえます。

▶フレーズ 04

25Ⓐ 私とランチするって言ったじゃん。

You said you would have lunch with me.

Ⓑ 埋め合わせするから。ごめんね。

**I'll (▨▨▨▨).
I'm sorry about that.**

25
itの位置に注意してください。

2

リアクションする

26Ⓐ この水着はとてもいいですよ。

This bathing suit is very nice.

Ⓑ わぁ、本当ですね。これ試着してみてもいいですか?

**Wow, it really is.
Can I (▨) it (▨)?**

26
「試着」→「試しに、体にくっつける」と考えてください。

27Ⓐ しまった。またかよ。

Oh no, not again.

Ⓑ (そんなの)気にすることないよ。大丈夫だよ。

Don't worry (▨▨). It'll be fine.

27
「それについては」を付け足します。

こたえ

25Ⓐ 私とランチするって言ったじゃん。

You said you would have lunch with me.

Ⓑ 埋め合わせするから。ごめんね。

I'll make it up to you. I'm sorry about that.

make it up はくっつけて「メイキッタッ(プ)」と発音するとかなり自然に聞こえます。「タ」が濁音化して「メイキッダッ（プ）」となることもよくあります。 ▶フレーズ 05

26Ⓐ この水着はとてもいいですよ。

This bathing suit is very nice.

Ⓑ わぁ、本当ですね。これ試着してみてもいいですか？

Wow, it really is. Can I try it on?

try on the sweater、try the sweater on はどちらでも OK ですが、it の場合は必ず try と on で挟みます。 ▶フレーズ 07

27Ⓐ しまった。またかよ。

Oh no, not again.

Ⓑ （そんなの）気にすることないよ。大丈夫だよ。

Don't worry about it. It'll be fine.

about it がくっつき、さらに最後の t を言わずに「アバウディッ」と発音してみてください。It'll be fine. は念押しの役割です。 ▶フレーズ 06

ヒント

28 Ⓐ 君の上司、すごく嫌な奴じゃん。
転職したほうがいいよ。

**Your boss sounds like a jerk.
You should change jobs.**

Ⓑ 言う通りだね。転職先を探してみるよ。

(　　) . I think I'll start
looking for a new job.

28
「言う通りだね」→「あなたが正しい」と考えてください。

2

リアクションする

---

29 Ⓐ 今夜は参加できそうにないんだ。

I don't think I can join you tonight.

Ⓑ なんで？　何があったの？

Why? (　　) ?

29
「何があったの？」→「何が起こったの？」と考えてください。

---

30 Ⓐ 遅れてすみません。

I'm sorry I'm late.

Ⓑ 気にすることないよ。よくあることだよ。

(　　) about it. It happens.

30
「〜するな」で文を始めましょう。

28Ⓐ 君の上司、すごく嫌な奴じゃん。転職したほうがいいよ。

Your boss sounds like a jerk. You should change jobs.

Ⓑ 言う通りだね。転職先を探してみるよ。

You're right. I think I'll start looking for a new job.

jerk「嫌な奴」はスラングで使わないほうがいいのですが、悪口で出てくるので知っておいて損はないでしょう。　　　　　　　　　　　　　▶フレーズ 02

29Ⓐ 今夜は参加できそうにないんだ。

I don't think I can join you tonight.

Ⓑ なんで？　何があったの？

Why? What happened?

What を「ワッ」と発音してみてください。　　　　　　　　　　▶フレーズ 05

30Ⓐ 遅れてすみません。

I'm sorry I'm late.

Ⓑ 気にすることないよ。よくあることだよ。

Don't worry about it. It happens.

It happens. という決まり文句を追加することで「誰にでも起こることだよ」と相手の気を少し楽にしてあげられます。　　　　　　　　　　▶フレーズ 06

PART 3

しかける

　英会話は受け身の姿勢より、自分から「しかける」ほうが、実はうまくいきます。どんな話題が飛びだすかわからずに待っているより、自分の都合の良いように先手を打つのです。

　たとえば、海外旅行中でカフェに入れば **Wi-Fi** の表示はすぐに見つかるでしょうが、そこであえて店員に、**Do you have Wi-Fi here?**「ここ、**Wi-Fi** あります?」と聞くのです。これで1つ、会話のチャンスが生まれます。電車で隣になった人に話しかけるのはハードルが高くても、このくらいであればシャイな人でも無理なくできるでしょう。

ちょっとしたことをほめる

I like your 〜.
（あなたの〜いいですね。）

「それいいね！」という感覚で使えるのが、like です。サラッと言えると会話が弾みますし、ちょっとした沈黙を自然に打破することもできる便利なフレーズです。

ほめ言葉で会話のチャンスが広がる

欧米圏ではまるで挨拶のようにほめることが多く、ほめる英語をパッと使えると、英会話のきっかけも爆発的に増えます。

実際、僕自身も海外の街を歩いているときに、見知らぬ人からシャツをほめられ、どこで売ってるのかを聞かれたことがあります（そのときは、I love 〜 を使っていましたが）。

I like your shoes.「靴、いいね」とか、I like your watch.「時計、いいね」のように使います。

その他のフレーズ解説

● **You look good in 〜.**（〜似合ってますね。）
　　※inの後には「服・色」などがきます。例：You look good in that
　　shirt[that color].「そのシャツ［その色］似合ってるね」
● **I find +** 人・物 **+** 形容詞 **.**（ 人・物 は…です。［…だとわかる］）
● **Thank you for saying so.**（そう言ってくれてありがとう。）

16

対話008 　朝、同僚との会話

自分 I like your shirt. I've never seen you wearing it before.

相手 Thank you. I just got it for my birthday.

自分 Happy birthday! It's a really nice shirt.

相手 Thanks. I actually don't like it that much. I find it too bright.

自分 Well, I think you look great in it. Bright colors suit you.

相手 Thank you for saying so. I'm glad you think so.

3

しかける

日本語訳

あなたのシャツいいね。これまでに一度もそれを着てるの見たことないね。

ありがとう。誕生日にもらったばかりなんだ。

誕生日おめでとう！　本当に素敵なシャツね。

ありがとう。実はあまり気に入ってないんだ。明るすぎる気がするな。

うーん、すごく似合ってると思うよ。明るい色が似合うわ。

そう言ってくれてありがとう。そう思ってくれるのは嬉しいよ。

09 知ってることをあえて聞く①

Do you have Wi-Fi here?

（ここ、Wi-Fiはありますか?）

店内を見まわして Wi-Fi の表示を探すより、せっかくの機会なので、店員にサラッと聞いてみましょう。会話の機会が増えますし、Wi-Fi の発音がきちんと通じるかのテストにもなります。

よく使う Do you have ～ ?

この表現をマスターすることで、海外旅行で重宝する **Do you have ～?**「あなたのお店では～がありますか?」が自然に出てくるようになります。

たとえば、**Do you have Fiorentina?** と聞けば、「このレストランにはフィオレンティーナ（フィレンツェ風ステーキ）がありますか?」という意味になります。ガイドブックで見たものを探すときに重宝するフレーズです。

その他のフレーズ解説

● **What would you like to order [drink]?**（ご注文 [お飲み物] は何になさいますか?）

● **For here, please.**（ここで食べます。）

　※ For here or to go?「店内でお召し上がりですか、それともお持ち帰りですか?」に対する答えです。

● **That's all.**（以上です。）

17

対話009　ファストフード店での注文

😊 **Good afternoon.** What would you like to order?
相手

😊 **I'll have a chicken burger with medium fries.**
自分

😊 **Okay.** What would you like to drink?
相手

😊 **A large Coke, please.**
自分

😊 **Anything else?**
相手

😊 That's all.
自分

😊 **For here or to go?**
相手

😊 For here, please.
自分

😊 **That'll be $6.50.**
相手

😊 **Okay. By the way,** do you have Wi-Fi here?
自分

日本語訳

😊 こんにちは。ご注文は何になさいますか？

😊 チキンバーガーと M サイズのフライドポテトにします。

😊 かしこまりました。お飲み物は何になさいますか？

😊 L サイズのコーラをお願いします。

😊 他にご注文はございますか？

😊 以上です。

😊 店内でお召し上がりですか、それともお持ち帰りですか？

😊 店内で。

😊 6 ドル 50 セントになります。

😊 はい。ところで、ここ、Wi-Fi はありますか？

10 知ってることをあえて聞く②

> # Where is the restroom?
> （お手洗いはどこですか?）

ホテルやレストランなどで使うことが多いでしょう。無理して自分で探して店内をウロウロするのはスマートではないですし、せっかくなのでこんな場面も英会話のチャンスにしてしまいましょう。

restroom は「お手洗い」

rest は「休み」なので、restroom は本来「休憩室」ですが、実際には「お手洗い・洗面所」という意味で使われます。toilet は「便器」を指します（地域によっては「トイレ」の意味で使えますが、あえて使う必要はありません）。もしホテルのトイレでのトラブルなら「便器」のトラブルなので、Something is wrong with the toilet.「便器の調子がおかしいです」と言って OK です（192 ページ）。

その他のフレーズ解説

- Check, please.（お会計お願いします。）
- I think there's a mistake on the bill[check].
  （伝票にミスがある気がするのですが。）
- I think you gave me the wrong change.
  （お釣りが間違っていると思います。）
- Can I pay with Apple Pay?（Apple Pay で払えますか?）

対話010　レストランでの会計

👧 Check, please.
自分

😊 Sure. Just a moment, please.
相手

〔after a few minutes〕

👧 I think there's a mistake on the bill.
自分

😊 Oh, I'm sorry. I'll check on that right away.
相手

👧 Yes, please. Oh, by the way, where is the restroom?
自分

😊 It's over there.
相手

👧 Thank you.
自分

〔after coming back from the restroom〕

😊 Here is your bill.
相手

👧 Here you are.
自分

😊 Here is your change.
相手

👧 Um, I think you gave me the wrong change.
自分

3

し
か
け
る

日本語訳

👧 お会計をお願いします。
😊 はい。少々お待ちください。
〔数分後〕
👧 伝票が間違っていると思うのですが。
😊 あっ、申し訳ございません。すぐにお調べいたします。
👧 はい、お願いします。あっ、ところで、お手洗いはどこですか？
😊 あそこにあります。
👧 ありがとうございます。
〔お手洗いから戻って〕
😊 こちらが伝票になります。
👧 どうぞ。
😊 こちらがお釣りです。
👧 あの、お釣りが間違っていると思うんですけど。

写真を撮ってもらう

Could you take our picture?
（私たちの写真を撮っていただけますか？）

「プリーズ」と言ってスマホを渡しても通じるでしょうが、せっかく写真を撮ってもらうわけですから、**きれいで丁寧な英語で**キメたいところです。

写真は店員に頼む

観光地で「写真撮るよ」と言ってくる人には頼まないほうが無難です（お金を請求されたり、そのままスマホ・カメラを持っていかれることがないとも言い切れない）。「動物と一緒に写真どう？」という誘いも事前に値段交渉を完璧にしておきましょう（個人的には避けるべきかと）。

写真を頼むなら、客として利用した**お店の店員やホテルマンなどが一番無難**です。そのときにこの文を使ってみましょう。

その他のフレーズ解説

● **Just press here, please.**（ここを押すだけです。）
　※命令文をやわらげるjustで、「ただこれをするだけでOK」と相手の負担を減らします（pleaseはjustがあるのでなくてもOK）。スマホやカメラのボタンの位置を教えるときに使えます。

● **One more, please.**（もう1回お願いします。）

● **Can I take a picture with you?**
　（一緒に写真を撮ってもいいですか？）

対話 011　海外旅行の現地ツアーで、ガイドとの会話

相手 That's the Eiffel Tower.

自分 It's lovely. Could you take our picture?

相手 No problem.

自分 Thank you. Just press here, please.

相手 Okay. Are you ready? Say "cheese"!

自分 Cheese! One more, please.

相手 Sure. Say "cheese"!

自分 Thank you very much. You're a great tour guide. Can I take a picture with you?

相手 Of course.

日本語訳

あれがエッフェル塔です。

美しいですね。私たちの写真を撮っていただけませんか？

構いませんよ。

ありがとうございます。ここを押すだけです。

わかりました。準備はよろしいですか？　ハイ、チーズ！

チーズ！　もう1枚度お願いします。

もちろん。ハイ、チーズ！

どうもありがとうございます。最高のツアーガイドさんですね。
あなたと一緒に写真を撮ってもいいですか？

もちろん。
※「もちろん私は最高のガイドさ」という冗談っぽい含みもある言い方。

12

助けを申し出る

Do you need help?

（手伝いましょうか?）

同僚に対してなど、幅広く使えますが、街中で困っている外国人を見かけて最初に話しかけるときにも使えます。

人見知りしてる場合じゃない

海外旅行ではわからないことだらけですよね。切符を買うにも一苦労、ファストフードの注文が機械でしかできなかった、など。それは日本に来た外国人も同じ、いや、文字が読めない分だけなおさらわかりにくいことだらけだと思います。困っている外国人に、まずはこの言葉を。

「私、人見知りなんで」という方も多いでしょう。僕自身もそういうタイプです。性格は変えられないので、それは一生克服できないでしょうから、僕も自分から話しかけることはなかったのですが、以前イタリアで特急列車を降りようとしたとき、連結部分のドアが開かなかったことがあります。降りないといけないので少し焦ったのですが、そばにいた若いイタリア人男性がサッと開閉ボタン（そんなものがあるとは僕には想像できず）を押してくれたことがあります。

なんとなく「女性には手助けする」という偏見があったのですが、まさかの僕にもすぐに手を貸してくれた経験から、それ以後は日本でも海外でも、自分ができる親切はするようになりました。

その他のフレーズ解説

● **Is there a problem?**（何かお困りですか?）
● **Can I help you with that?**（[それを]手伝いましょうか?）
　　※ベビーカーやスーツケースがある場合など。

🔊 20

自分 Hi. I saw you arguing with the truck driver. Is everything okay? Is there a problem?

相手 Oh, hello. Yeah, I'm having a problem with the movers.

自分 I noticed there were some boxes left outside. Do you need help taking them in? By the way, we're neighbors.

相手 Thank you. I tried lifting them, but my arms are aching.

自分 Can I help you with those boxes?

相手 Thank you. Let me just open the door. Then you can put them inside.

3

しかける

日本語訳

😊 こんにちは。トラックの運転手さんと言い合ってるのを見たんですけど、大丈夫ですか？ 何かお困りですか？

😊 あ、こんにちは。はい、ちょっと引っ越し業者とトラブってまして。

😊 箱が外に置きっぱなしですね。運ぶの、手伝いましょうか？ あ、ちなみに僕は近くに住んでるものです。

😊 ありがとうございます。箱を持ち上げようとしたんですけど、腕が痛くて。

😊 その箱を運ぶのを手伝いましょうか？

😊 ありがとうございます。ドアを開けるので、中に置いてください。

13

会話を続けてもらう

Go on.
（続けて。）

2人同時に話し始めたり、相手が言い足りなさそうなときに、「そのまま続けて進んで行って」という感じで使えます。Go on. とサッと言って相手に話をさせると、余裕がある感じに見えてカッコいいですよ。

on は「進行中」を表す

onの中心の意味は「接触」で、くっついているときに on が使われます。実際に机の上や壁にくっついているときだけでなく、「動作がくっついている」→「進行している」という意味でも使われる、**go on** は「そのまま進行して行く」感じです。

その他のフレーズ解説

● **Thank you for teaching me.**（教えてくれてありがとう。）
※勉強ではなく、何かの情報を教えてもらったときは Thank you for telling me. となります。

● **I'm looking forward to -ing /** 名詞 .
（私は〜を楽しみにしています。）

● **Thank you.**（ありがとう。）

対話013　オンライン英会話でのレッスン

相手 For today, you have chosen a free conversation lesson. Is there any particular topic that you would like to talk about?

自分 Oh, I have an interesting story. Last night...

相手 Tell me... Oh, sorry. Go on.

〔after about thirty minutes〕

相手 Well done. You have good pronunciation.

自分 Thank you.

相手 All right, let's go on to number two. Oops, sorry. It's already time. Thank you for taking my lesson tonight.

自分 Oh, right. Thank you for teaching me. I'm looking forward to our next lesson.

日本語訳

今日はフリートークを選びましたね。何か話したい話題はありますか？

あっ、面白い話がありますよ。昨晩…。

教えて…。あっ、すいません。続けてください。

〔約30分後〕

よくできました。いい発音していますよ。

ありがとう。

では、2番に進みましょう。おっと、すみません。もう時間ですね。今夜は私のレッスンを受けてくれてありがとうございます。

あっ、そうですね。教えてくれてありがとうございます。次のレッスンを楽しみにしています。

自分の要望を伝える

I'd like to ～ .
（～したいのですが。）

誰でも知っているこのフレーズ、実は海外旅行でめちゃくちゃ便利なんです。たぶん 500 個くらいのフレーズの代わりに使えるんじゃないかと思っています。その理由は以下の解説で。

困ったら I'd like to ～ を使ってみる

　海外旅行で何か困ったときなどに、パッと英語が出てこない場面でこの I'd like to ～ が使えないか考えてみてください。さらに、どう言っていいかわからないときにも、I'd like to ～ だけ言ってしまえば少し時間が稼げて、伝えたい英語が出てくることも意外とあるものです（少なくとも相手には「何か要望があるんだな」と伝わります）。

　たとえば、「～を貸してください」→「～を使いたい」、「～が壊れました」→「～がほしい」、「～を教えてください」→「～を知りたい」など、全部、自分視点で「～したい」と言い換えてしまうわけです。

　こうして書くと、「なんかわがままに思われない？」と不安になるかもしれませんが、黙ってしまったり、間違ったことを言うよりはるかにマシです。また、I'd like to ～ は「もしよろしければ～したい」という丁寧な言い方です（would という「助動詞の過去形」が「仮定法」のニュアンスを持ち、「もしよろしければ」という含みがあるからです）。もちろん、単に自分の希望を言うとき（「もしよろしければ」という含みが必要なく、自分の夢を語るときなど）は、単に、I want to ～ で問題ありません。

対話014　友だちとの日常会話

相手　It's supposed to be nice weather this weekend.
Let's go hiking.

自分　Hiking is so boring.

相手　It's so refreshing to be surrounded by nature.
I want to see trees and mountains.

自分　Well, I don't want to go hiking.

相手　Do you have any better ideas?

自分　What's the date on Saturday?

相手　May 7th. Why?

自分　Is there something special about May 7th?

相手　.... Oh! It's your birthday! I'm such an idiot for
forgetting. So, what would you like to do?

自分　I'd like to see a movie.

3

しかける

日本語訳

今週末はいい天気になりそうだね。ハイキングに行こうよ。

ハイキングなんて超つまらないよ。

自然に囲まれると、とてもリフレッシュできるよ。僕は木や山が見たいな。

えっと、私はハイキングに行きたくないな。

もっといい案はない？

土曜日は何日？

5月7日だよ。なんで？

5月7日に何か特別なことがない？

…あ！　君の誕生日だ！　忘れてたなんて僕はバカだなあ。じゃあ、何がしたい？

映画を観たいな。

自分のワクワクを伝える①

I'm excited.
（ワクワクしています。）

「会話が続かない」と悩む人の多くは、「事実・出来事しか話さない」という傾向があります。「気持ち」を伝えようとすれば、話すことが一気に増えますよ。

exciting と excited はまったく違う!

　本来、excite は「ワクワクさせる」という意味です。exciting になったところで、ただ -ing がついただけですから、特別大きな変化は起きず、「ワクワクさせるような」という意味になります。That's exciting. なら「それはワクワクさせるようなことだ」という意味です。

　一方、be excited は受け身で「ワクワクさせられる」となり、「(何かに) ワクワクさせられている」→「(主語が) ワクワクしている」となります。

その他のフレーズ解説
● That's exciting.（それはワクワクするね。）
● What a + 形容詞 + 名詞 !（なんて〜な 名詞 なんだ!）

23

対話015　週末の予定について同僚と話している

自分　I'm looking forward to my friend's wedding tomorrow. I'm excited!

相手　A wedding! That's exciting. What are you going to wear?

自分　I'm going to wear a formal dinner dress. Would you like to see it?

相手　Sure.

自分　Here's a picture of it. Take a look.

相手　Wow! What a beautiful black dress!

自分　Thanks.

3

しかける

日本語訳

明日の友だちの結婚式が楽しみです。ワクワクしています！

結婚式！　それはワクワクしますね。何を着る予定ですか？

ディナードレスを着るつもりです。見たいですか？

もちろん。

これが写真です。見てみて。

わぁー！　なんて美しい黒のドレスなんだろう！

ありがとう。

16 自分のワクワクを伝える②

I can't wait to 〜 .
(〜するのがすごく楽しみです。)

このフレーズを「もう待てない」なんて訳すと、少し大げさで使うのがちょっと恥ずかしく感じられるかもしれません。でもこのフレーズは「超楽しみ」くらいに連発できる、とても便利な表現なのです。

I can't wait! を「軽く」使いこなそう!

実際の英会話では、この I can't wait! は頻繁に使われます。ですから、あまり大げさな表現だとは考えずに、「すごく楽しみ!」くらいのテンションで使えるものだと考えてOKです。これがパッと出てくると、かなり自然な英会話という感じになりますし、何より会話自体が「ポジティブな雰囲気」に包まれますよ。

I can't wait! だけでもいいのですが、今回は wait の後に to 〜 を続ける形をマスターしましょう。I can't wait to see you.「会うのを楽しみにしているね」とか、I can't wait to go on vacation.「休みに旅行に行くのが楽しみ」と使います。to の後には動詞がきますが、名詞がくる場合は for を使い、I can't wait for season 2.「シーズン2が楽しみ」のようになります。

その他のフレーズ解説
- I'm planning to 〜 . (〜する予定です。)
- I had a chance to 〜 . (〜する機会がありました。)

24

対話016　アメリカにいる友人との会話

😊 **Hi, Nanoka. What's going on?**
相手

😊 **Guess what?** I'm planning to **move there this spring.**
自分

😊 **Here, to the US? That's great news!**
相手

😊 **Yes. As you know, the company I work for has a branch there.**
自分

😊 **In San Francisco, right?**
相手

3
しかける

😊 **Yeah. There was an opening, and** I had a chance to **apply. And I got the job.**
自分

😊 **That's awesome!** I can't wait to **show you around.**
相手

日本語訳

😊 こんにちは、ナノカさん。最近どうですか？

😊 聞いてください。この春にそっち（相手がいる場所）に引っ越す予定なんです。

😊 ここアメリカに？　いいですね！

😊 ええ。知ってると思いますが、私の働いている会社の支店がそちらにあるんです。

😊 サンフランシスコですよね？

😊 はい。空きがあって、応募する機会があったんです。それで、採用されました。

😊 すごいですね！　アメリカを案内するのが楽しみです。

Column2
アジアの英語もフル活用しよう

オンライン英会話『hanaso』は優秀で明るいフィリピン人講師とのレッスンです。レッスン料が安い・時差が1時間しかないのでレッスンを受けやすいといったメリットは多くの人が知るところですが、一緒に仕事をしてきた中で僕なりに気づいたことを追加してみます。

☑ アジア人と会話することは意外と多い

以前、アメリカに本社のある超有名企業を訪問した際、そこで働くある日本人（30代女性）の上司はインド人でした。そして部下はシンガポールやフィリピンの人たちだったのです。今のビジネスにおいて、このような状況はまったく珍しくありません。そういった意味でも、アジア人と英語でやり取りする機会というのは貴重な経験になると思います。

☑ 欧米とは話題が違う

当然といえば当然ですが、国が違うので、話す内容もガラッと変わることがよくあります。僕自身がフィリピンの人と話をして経験したことですが、「花粉症がそもそも何なのか」を説明したり、「イチゴを知らない」という人に説明したことなどが挙げられます。

また、シンガポールの企業を訪問した際、彼らは日本進出にあたって、日本の四季に大変興味を持っていました。季節ごとに商品のアピールの仕方が違うことを大変重視していたのです。

こういったことは欧米の人とだけ話をしているとなかなか気づけないことであり、とても視野が広がる思いがしました。

31 (A) ジェリーってカッコいいよね。

I (　　) Jerry cute.

(B) それにとても優しい。

He is very kind too.

32 (A) お飲み物は何になさいますか?

What would you (　　) drink?

(B) Mサイズのオレンジジュースをお願いします。

A medium orange juice, please.

3

し
か
け
る

33 (A) お会計をお願いします。

(　　), please.

(B) はい。少々お待ちください。

Sure. One moment, please.

34 (A) 私たちの写真を撮っていただけますか?

Could you (　　　　)?

(B) もちろん。

Sure.

◀)) 25

31Ⓐ ジェリーってカッコいいよね。

I find Jerry cute.

Ⓑ それにとても優しい。

He is very kind too.

「カッコいい」は handsome でもいいのですが、少し古いので cute を使っています。

▶フレーズ 08

32Ⓐ お飲み物は何になさいますか？

What would you like to drink?

ⒷM サイズのオレンジジュースをお願いします。

A medium orange juice, please.

「S（エス）・M（エム）・L（エル）」ではなく、英語では small・medium・large と言います。

▶フレーズ 09

33Ⓐ お会計をお願いします。

Check, please.

Ⓑ はい。少々お待ちください。

Sure. One moment, please.

海外旅行では外食がメインでしょうから、何度も使うフレーズですね。

▶フレーズ 10

34Ⓐ 私たちの写真を撮っていただけますか？

Could you take our picture?

Ⓑ もちろん。

Sure.

Could you take a picture of us? と言うこともできます。

▶フレーズ 11

35Ⓐ さっきこのパイプを修理したばかりなんだけど、蛇口からまだ水が漏れてるよ。

I just fixed this pipe, but the faucet is still leaking.

Ⓑ 手伝おうか?

(　　　) with that?

36Ⓐ よくできましたね。では、もう一度会話を読んでみましょう。

Well done! All right, let's read the dialogue one more time.

Ⓑ ありがとうございます。もちろん、もう一度やりましょう。

(　　) . Sure, let's do it again.

37Ⓐ いくつか質問したいのですが。

I'd (　　) ask you some questions.

Ⓑ もちろん、どうぞ。

Sure, go ahead.

38Ⓐ 明日の旅行の準備はできた?

Are you ready for the trip for tomorrow?

Ⓑ はい、ワクワクしてます。

Yes, I am. I'm (　　) .

35 Ⓐ さっきこのパイプを修理したばかりなんだけど、蛇口からまだ水が漏れてるよ。

I just fixed this pipe, but the faucet is still leaking.

Ⓑ 手伝おうか?

Can I help you with that?

英語は「状況を詳しく説明する傾向が強い」ので、with 以下で具体的に手伝うことを言葉にします。　　　　　　　　　　　　　　　　　▶フレーズ 12

---

36 Ⓐ よくできましたね。では、もう一度会話を読んでみましょう。

Well done! All right, let's read the dialogue one more time.

Ⓑ ありがとうございます。もちろん、もう一度やりましょう。

Thank you. Sure, let's do it again.

Well done.「よくできました」とほめられたときは、謙遜して No, no. とか言わずに、Thank you. で受けるのが英語のパターンです。　　　　　　▶フレーズ 13

---

37 Ⓐ いくつか質問したいのですが。

I'd like to ask you some questions.

Ⓑ もちろん、どうぞ。

Sure, go ahead.

Sure も go ahead も「どうぞ」という意味で、このように並べて使われることも多いです。　　　　　　　　　　　　　　　　　　　　　　▶フレーズ 14

---

38 Ⓐ 明日の旅行の準備はできた?

Are you ready for the trip for tomorrow?

Ⓑ はい、ワクワクしてます。

Yes, I am. I'm excited.

excited の前に、so/super/really などをつけて強調するとさらにリアリティが増します。　　　　　　　　　　　　　　　　　　　　　　　　▶フレーズ 15

39 Ⓐ 前回皆で集まって以来、セラに会った？

Have you seen Sera since we last got together?

Ⓑ うん、東京で会う機会があったんだ。

Yeah, I （ ﹅ ） to see her in Tokyo.

39
「チャンスを持った」と
考えてください。

---

40 Ⓐ あなたの香水いいね。新しいやつでしょ？

（ ﹅ ） perfume. It's a new one, isn't it?

Ⓑ 姉の香水なんだ。

It's my sister's.

40
「いいね」→「私は好き」
と考えてください。

---

41 Ⓐ 店内で召し上がりますか？　それともお持ち帰りですか？

For here or to go?

Ⓑ 店内で。

（ ﹅ ）, please.

41
「店内で」→「ここで」
と考えましょう。

---

42 Ⓐ 伝票に間違いがあると思うのですが。

I think （ ﹅ ） on the bill.

Ⓑ すみません。すぐにお調べいたします。

I'm sorry. I'll check on that right away.

42
on the bill は、the以
外に、this・my・our で
もOKです。

39Ⓐ 前回皆で集まって以来、セラに会った？
Have you seen Sera since we last got together?

Ⓑ うん、東京で会う機会があったんだ。
Yeah, I had a chance to see her in Tokyo.

had a は「ハダ」のように繋げて言うと、英語らしい発音になります。

▶フレーズ 16

40Ⓐ あなたの香水いいね。新しいやつでしょ？
I like your perfume. It's a new one, isn't it?

Ⓑ 姉の香水なんだ。
It's my sister's.

like と your をくっつける感じで「ライキュア」とするとこなれた感じになります。

▶フレーズ 08

41Ⓐ 店内で召し上がりますか？　それともお持ち帰りですか？
For here or to go?

Ⓑ 店内で。
For here, please.

持ち帰りの場合は、To go, please. となります。

▶フレーズ 09

42Ⓐ 伝票に間違いがあると思うのですが。
I think there's a mistake on the bill.

Ⓑ すみません。すぐにお調べいたします。
I'm sorry. I'll check on that right away.

I think を使うと、指摘を和らげられます。伝票のミス以外にももちろん使えます。

▶フレーズ 10

ヒント

43Ⓐ どのボタンを押せばいいですか？

Which button do I press?

Ⓑ ここを押すだけです。

(　　　) here, please.

43
やわらかい感じで頼む
ために、先頭にJで始
まる単語を置いてくだ
さい。

44Ⓐ お困りですか？

Do you (　　　)?

Ⓑ あ、ありがとうございます。切符売場はどこですか？

Oh, thank you. Where is the ticket window?

44
「お困りですか」→「助
けが必要ですか」と考
えてみてください。

3

しかける

45Ⓐ あなたの訛りがいいね。

I like your accent.

Ⓑ ありがとう。

(　　　).

45
ほめられたときのリア
クションです。

46Ⓐ 夕食は何が食べたいですか？

What would you like to have for dinner?

Ⓑ 中華料理が食べたいです。

I'd (　　　) have Chinese food.

46
Ⓐのセリフが大きなヒ
ントです。

43 Ⓐ どのボタンを押せばいいですか?

Which button do I press?

Ⓑ ここを押すだけです。

Just press here, please.

Ⓑのセリフを言いながらボタンを指させば、バッチリ伝わるでしょう。

▶フレーズ 11

---

44 Ⓐ お困りですか?

Do you need help?

Ⓑ あ、ありがとうございます。切符売場はどこですか?

Oh, thank you. Where is the ticket window?

「お困りですか」と聞かれたら、助けてもらう前でも、まずは声をかけてくれたことに Thank you. とお礼を言えるとかなり良いです。 ▶フレーズ 12

---

45 Ⓐ あなたの訛りがいいね。

I like your accent.

Ⓑ ありがとう。

Thank you.

I like your dress. など、何かが「好き」と言われたら、それはほめ言葉なので、Thank you. とお礼を言いましょう。 ▶フレーズ 13

---

46 Ⓐ 夕食は何が食べたいですか?

What would you like to have for dinner?

Ⓑ 中華料理が食べたいです。

I'd like to have Chinese food.

かなりフォーマルな会話なので、ビジネス上の関係がある人との食事と考えてください。友だち同士なら What do you want to eat for dinner? のように want を使います。 ▶フレーズ 14

47 Ⓐ リアーナのコンサートに今夜行ってくるよ。

I'm going to go to the Rihanna concert tonight.

Ⓑ 楽しそうだね。チケット余ってる?

That's (　　　). Do you have an extra ticket?

47
「楽しそう」→「ワクワクさせるような」と考えてください。

48 Ⓐ お父さんとお母さんに会うのが楽しみ。

I can't (　　) see my parents.

Ⓑ 最後に会いに行ったのはいつだっけ?

When was the last time you visited them?

48
「~するのが楽しみ」→「~するのを待てない」と考えてください。

49 Ⓐ あなたの家はとても素敵ですね。

Your home is so beautiful.

Ⓑ そう言ってくれてありがとう。

(　　　) saying so.

49
「理由」を表す前置詞を忘れないように注意してください。

50 Ⓐ 他にご注文はありますか?

Anything else?

Ⓑ 以上です。

No, (　　).

50
「以上です」→「それで全部です」と考えてください。

3
しかける

こたえ

47Ⓐ リアーナのコンサートに今夜行ってくるよ。

I'm going to go to the Rihanna concert tonight.

Ⓑ 楽しそうだね。チケット余ってる？

That's exciting. Do you have an extra ticket?

ここでは「コンサートがⒶを"ワクワクさせている"」わけです。　▶フレーズ 15

48Ⓐ お父さんとお母さんに会うのが楽しみ。

I can't wait to see my parents.

Ⓑ 最後に会いに行ったのはいつだっけ？

When was the last time you visited them?

can't は t の音を止めるように、「キャンッ」と言うと、英語らしい発音になります。
　▶フレーズ 16

49Ⓐ あなたの家はとても素敵ですね。

Your home is so beautiful.

Ⓑ そう言ってくれてありがとう。

Thank you for saying so.

「ほめられたら、お礼を」という発想は英会話でとても重要です。謙遜もありますが、
まずは堂々とお礼を言いましょう。　▶フレーズ 08

50Ⓐ 他にご注文はありますか？

Anything else?

Ⓑ 以上です。

No, that's all.

That's all. は That's it. と言うこともできます。　▶フレーズ 09

51 Ⓐ Apple Pay で支払えますか？

Can I (　　　) Apple Pay?

Ⓑ もちろんです。

Sure.

51
Apple Pay は具体的なカードが見えるわけではないので an は不要です（ミスしてもまったく問題なく通じますが）。

52 Ⓐ はい、チーズ！

Say "cheese"!

Ⓑ チーズ！　もう1枚お願いします。

Cheese! (　　　), please.

Ⓐ わかりました。今回は、もう少しにっこりしてください。

Okay. This time, smile a little more.

52
「もう一度」→「あともう1つ」と考えてください。

53 Ⓐ お皿洗うの手伝おうか？

Do you (　　　) washing the dishes?

Ⓑ うん、助かるよ！

Sure, that would be great!

53
「お皿洗うの手伝おうか」→「お皿を洗うのに手助けは必要ですか」と考えてください（washing の前に前置詞は不要です）。

54 Ⓐ 私のレッスンを受けてくれてありがとうございます。

Thank you for taking my lesson.

Ⓑ いえいえ。教えてくれてありがとうございます。

You're welcome. Thank you for (　　　).

54
日本語に「私に」がありませんが英語では補ってください。

3

し
か
け
る

51Ⓐ Apple Pay で支払えますか？

Can I pay with Apple Pay?

Ⓑ もちろんです。

Sure.

最近だと電子マネーが増えているので、こういった表現もとても大事になりますね。

▶フレーズ 10

52Ⓐ はい、チーズ！

Say "cheese"!

Ⓑ チーズ！　もう 1 枚お願いします。

Cheese! One more, please.

Ⓐ わかりました。今回は、もう少しにっこりしてください。

Okay. This time, smile a little more.

「あと 2 枚撮ってください」なら Two more, please. と言います。　▶フレーズ 11

53Ⓐ お皿洗うの手伝おうか？

Do you need help washing the dishes?

Ⓑ うん、助かるよ！

Sure, that would be great!

この Do you need help -ing? の形は受験などでは重視されませんが、よく使われます。

▶フレーズ 12

54Ⓐ 私のレッスンを受けてくれてありがとうございます。

Thank you for taking my lesson.

Ⓑ いえいえ。教えてくれてありがとうございます。

You're welcome. Thank you for teaching me.

他にも生徒がいるなら me ではなく us になります。　▶フレーズ 13

55 Ⓐ 私のネコを見て。とっても可愛いでしょ？

Look at my cat. She's so cute, isn't she?

Ⓑ なんて可愛いネコなの！　抱っこしてもいい？

(　) a cute cat! Can I hold her?

---

56 Ⓐ この夏にバリに行く予定なんだ。

I'm (　　　　) visit Bali this summer.

Ⓑ 一緒に行きたいな。

I want to go with you.

---

57 Ⓐ 私の新しい靴どう？

What do you think about my new shoes?

Ⓑ 素敵だよ！　その色、似合ってるよ。

They look nice! (　　　　) that color.

---

58 Ⓐ Wi-Fi はありますか？

Do you (　) Wi-Fi here?

Ⓑ はい、あります。

Yes, we do.

3

しかける

55Ⓐ 私のネコを見て。とっても可愛いでしょ？

Look at my cat. She's so cute, isn't she?

Ⓑ なんて可愛いネコなの！　抱っこしてもいい？

What a cute cat! Can I hold her?

What a はくっつけて「ワッタ」、さらにアメリカ英語では「ワダ」という感じで発音されます。　　　　　　　　　　　　　▶フレーズ 15

56Ⓐ この夏にバリに行く予定なんだ。

I'm planning to visit Bali this summer.

Ⓑ 一緒に行きたいな。

I want to go with you.

planning to は「ある程度予定が固まっている場合」に、thinking about –ing は「まだ考えている段階」に使います。　　　▶フレーズ 16

57Ⓐ 私の新しい靴どう？

What do you think about my new shoes?

Ⓑ 素敵だよ！　その色、似合ってるよ。

They look nice! You look good in that color.

What do you think about my 〜? で自分の服や髪について、相手の感想を聞くことができます。　　　　　　　　　　▶フレーズ 08

58Ⓐ Wi-Fi はありますか？

Do you have Wi-Fi here?

Ⓑ はい、あります。

Yes, we do.

「〜があります」に have を使う例としては、I have a sister.「妹がいます」、The room has two windows.「部屋には窓が2つあります」などです。▶フレーズ 09

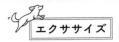

ヒント

59 (A) お釣りが間違っていると思います。

**I think you gave me the
(　　　　).**

(B) あっ、申し訳ありません。調べさせていただきます。

**Oh, I'm sorry. Let me check
on that.**

59
「お釣りが間違っている」→「間違ったお釣りをくれた」に変換して考えてみましょう。

3

しかける

60 (A) 一緒に写真を撮ってもいいですか?

Can I (　　) a picture (　　　)?

(B) もちろんいいですよ。

Sure, why not?

60
「写真を撮る」には「とる」という意味のtで始まる単語を使います。

61 (A) 次の段落を読みますか?

**Should I read the next
paragraph?**

(B) はい、続けてください。

Yes, please (　　).

61
「続けて進んでください」と考えてください。

62 (A) あなたに会えるのを楽しみにしています。

**I'm looking (　　　　) meeting
you.**

(B) 私もです。では後で。

Me too. Okay, see you later.

62
fで始まる単語を使ってみてください。

こたえ

■)) 32

59Ⓐ お釣りが間違っていると思います。

I think you gave me the wrong change.

Ⓑ あっ、申し訳ありません。調べさせていただきます。

Oh, I'm sorry. Let me check on that.

wrong は唇を突き出して「ゥロング」と発音すると良い感じに響きます。

▶フレーズ 10

60Ⓐ 一緒に写真を撮ってもいいですか?

Can I take a picture with you?

Ⓑ もちろんいいですよ。

Sure, why not?

Can I は「キャナイ」とくっつけて発音すると、英語らしい発音になります。take は「テーク」ではなく「テイク」です。

▶フレーズ 11

61Ⓐ 次の段落を読みますか?

Should I read the next paragraph?

Ⓑ はい、続けてください。

Yes, please go on.

指示を仰ぐ場合、Ⓐのように Should I 〜? が便利です。

▶フレーズ 13

62Ⓐ あなたに会えるのを楽しみにしています。

I'm looking forward to meeting you.

Ⓑ 私もです。では後で。

Me too. Okay, see you later.

be looking は現在形 look にして、I look forward to meeting you. でもOK
です(違いはほぼないですが、look のほうがややフォーマルです)。 ▶フレーズ 13

ヒント

63 Ⓐ 家族旅行が楽しみ。

I ( ) go on our family trip.

Ⓑ 僕も。すごく楽しめると思う!

Me too. It'll be so much fun!

---

64 Ⓐ 今日素敵だね!

You look amazing today!

Ⓑ そう言ってくれてありがとう。

Thank you ( ).

---

65 Ⓐ お手洗いはどこですか?

Where is ( )?

Ⓑ こちらでございます。

This way, please.

---

66 Ⓐ ギターを弾くのが好きです。あと、私の…。

I like playing the guitar. And
my ....

Ⓑ どんな…。あっ、すみません。続けて。

What kind of.... Oh, sorry.
( ).

3

しかける

63Ⓐ 家族旅行が楽しみ。

I can't wait to go on our family trip.

Ⓑ 僕も。すごく楽しめると思う！

Me too. It'll be so much fun!

go on a trip「旅行に行く」という表現は有名ですが、今回のように go on our family trip という言い方も便利です。　▶フレーズ 16

64Ⓐ 今日素敵だね！

You look amazing today!

Ⓑ そう言ってくれてありがとう。

Thank you for saying so.

Thank you for the compliment. とも言えます。compliment は「ほめ言葉・お世辞」です。　▶フレーズ 08

65Ⓐ お手洗いはどこですか？

Where is the restroom?

Ⓑ こちらでございます。

This way, please.

restroom は唇を突き出して「ゥレストルーム」と発音すると良い感じに響きます。　▶フレーズ 10

66Ⓐ ギターを弾くのが好きです。あと、私の…。

I like playing the guitar. And my ....

Ⓑ どんな…。あっ、すみません。続けて。

What kind of.... Oh, sorry. Go on.

今回の例のようにうっかり相手の話を遮ってしまったとき以外にも、相手が話を少し止めてしまったときにも使えます。　▶フレーズ 13

67 Ⓐ 会社のクリスマスパーティーが近づいています
ね。あなたは参加しますか?

Our company Christmas party is coming soon. Will you join us?

Ⓑ はい、もちろん。楽しみにしています!

Yes, of course. I'm (　　) forward to it!

68 Ⓐ 来週オーストラリアに行くんだ。すごく楽しみだ
よ!

I'm going to Australia next week. I'm so excited!

Ⓑ 去年オーストラリアに行く機会があったんだ。き
れいなところだよ。

I had (　　) visit Australia last year. It's beautiful.

69 Ⓐ あなたの時計いいですね。どこで買いましたか?

(　　) watch. Where did you get it?

Ⓑ 実は、兄が誕生日にくれたんです。

Actually, my brother gave it to me for my birthday.

34

こたえ

67Ⓐ 会社のクリスマスパーティーが近づいていますね。あなたは参加しますか?

Our company Christmas party is coming soon. Will you join us?

Ⓑ はい、もちろん。楽しみにしています!

Yes, of course. I'm looking forward to it!

look forward to の to は「前置詞」なので、後ろには名詞や動名詞(-ing)がきます。

▶フレーズ 13

68Ⓐ 来週オーストラリアに行くんだ。すごく楽しみだよ!

I'm going to Australia next week. I'm so excited!

Ⓑ 去年オーストラリアに行く機会があったんだ。きれいなところだよ。

I had a chance to visit Australia last year. It's beautiful.

I'm so excited! は、I can't wait! でも同じ気持ちを伝えます。　▶フレーズ 16

69Ⓐ あなたの時計いいですね。どこで買いましたか?

I like your watch. Where did you get it?

Ⓑ 実は、兄が誕生日にくれたんです。

Actually, my brother gave it to me for my birthday.

他にも、I got it for my birthday.「誕生日に買ってもらったんです」などとも言えます。

▶フレーズ 08

PART 4

あやつる

　話の展開を握ってしまうテクニックです。相手の質問をかわしたり、はぐらかしたりするフレーズをマスターします。たとえば、It depends. は「時と場合によりけり」と訳されるだけでしょう。でもこのフレーズで大事なことは「ハッキリ答えられないときに使う」という、その役割なのです。

　また、話題を自然に変えたり、本題に入ったり、まるで TV 番組の MC のように会話を「まわす」フレーズも紹介します。とはいえどれもシンプルなものばかりなので、すぐに使いこなせるようになるはずです。

17 時間を稼ぐ

> # Well. / Let me see.
> （えーっと。）

日本語訳は「えっと／う〜ん／ん〜」など何でも OK です。「時間稼ぎ」の表現なので、「私は今、考えてます／ちょっと言葉に詰まってます」というメッセージを送る役割があります。

「英語で」間をつなごう！

英語が出てこないと、つい「え〜…」や「えっと」と言ってしまいがちですが、実はこれ、日本語を知らない外国人からしたらかなり不気味だそうです（いきなり変な音を発するわけですから）。しかもこれはクセになるので気をつけたほうがいいのです。

well に「えーっと」の意味があることは有名ですが、実際に使いこなせている人は少ないです。みなさんは **well** や **let me see** を使って「英語で」間をもたせてください。ゆっくり「ウエ〜 …ル」と言えば、相手にも「考え中」だと伝わり、実際に考える時間が稼げますよ。

その他のフレーズ解説

● **Wait a minute.**（ちょっと待って。）
　※命令文「待て！」は Wait! で、「ちょっと待って（考えさせて）」には Wait a minute. を使います。

● **Let me google it.**（ググらせてください。）
　※会社名（検索エンジン名）の Google が動詞で、「（グーグルなどの）インターネットで検索する」の意味でも使われるようになりました。

● **That's hard to explain.**（説明するのが難しいです。）

35

対話017 　オ ン ラ イ ン 英 会 話 で の レ ッ ス ン

相手 Good evening. For tonight, you have chosen a free conversation lesson. Is there any particular topic that you would like to talk about?

自分 Let me see, I'd like to talk about what I did today.

相手 Okay, tell me, how did you start your day?

自分 Well, I got up at five and went to work at seven in the morning.

相手 Oh, you got up early. What did you have for breakfast?

自分 I don't know the word in English. Wait a minute. Let me google it.

相手 Sure.

自分 It's the same in English. I had a tuna sandwich.

4
あ
や
つ
る

日本語訳

　こんばんは。今夜はフリートークのレッスンを選びましたね。
　特に話したいトピックは何かありますか？

　そうですね…今日私がしたことについて話したいです。

　じゃあ、話してみてほしいのですが、1日の始まりはどんな感じでしたか？

　えっと、5時に起きて7時に家を出て会社に行きました。

　おお、早起きでしたね。朝ごはんは何を食べましたか？

　英語でなんて言うかわからないです。ちょっと待ってくださいね。ググらせてください。

　いいですよ。

　英語でも同じでした。ツナサンドイッチを食べました。

18 はぐらかす

> ## It depends.
> （まあ、なんとも言えないけど。）

急に予定を聞かれたり、突っ込んだ質問をされて答えに迷ったりしたとき、ハッキリとは答えられないこともありますよね。そんなときには黙るのではなく、英語ではぐらかしてみましょう。

depend on 〜 の意味は「〜次第」

It depends. は「時と場合による・一概には言えない」という意味で、予定を聞かれて迷うとき、予算を聞かれたときなど、いろんな場面で使えます。ハッキリとは返答しないで曖昧に答える便利なフレーズです。

depend on 〜 は「〜に頼る」という意味で有名ですが、実際には「〜次第だ」で使われることのほうが多いのです。It depends. は元々は It depends on the situation[circumstances].「それは状況次第だ」→「時と場合によりけり・一概には言えない・なんとも言えない」だったわけです。

これを知っていると、on 以下を付け足して、It depends on the weather.「天気次第だね」なんてフレーズを使うこともできるでしょう。

その他のフレーズ解説

● **I have no idea.**（まったくわからないね。）
● **Not really.**（そうでもないよ。）
● **Definitely.**（もちろん。）

36

対話018　友だちと映画についての会話

👤**相手** Do you think the movie *The Avengers* is good?

👤**自分** I have no idea.

👤**相手** I want to see it. Should I buy tickets in advance online?

👤**自分** It depends. You're planning to see it tonight, right?

👤**相手** Yeah.

👤**自分** In that case you should buy tickets in advance. The theaters will be crowded tonight since it's Friday.

👤**相手** You're right. Are you busy tonight?

👤**自分** Not really.

👤**相手** Let's go watch the 9 o'clock show then.

👤**自分** Okay.

4

あやつる

日本語訳

👤 映画の『アベンジャーズ』はいいと思う？

👤 まったくわからないね。

👤 見たいんだよな。あらかじめインターネットでチケットを買ったほうがいいかな？

👤 場合によるよ。今夜見る予定なんだよね？

👤 もちろん。

👤 それなら事前にチケットを買わないといけないよ。金曜だから映画館が混むんだ。

👤 そうだよね。今夜忙しい？

👤 そうでもないよ。

👤 じゃあ9時上映の回を見に行こうよ。

👤 いいね。

スムーズに話題を変える

by the way
（ところで）

「話題を変えたいとき」や「雑談から本題に入るとき」に by the way を使うと、自然な流れにすることができます。サラッと使えるとカッコいいですよ。

by the way は「話題を変える」役割

by the way の「次の質問」までストックしておくと会話がよりスムーズになります。たとえば、**By the way, what are you doing tonight?**「ところで、今夜は何するの?」、**By the way, how is your sister doing?**「話は変わるけど、お姉さんの調子はどうですか?」などです。

また、単に話題を変えるだけでなく、「本題に入る」ときに使えると、非常にネイティブっぽい会話になります。街中で初対面の人と話が始まったとき、話が一段落ついたタイミングで、**By the way, I'm Kanako. And you are ...**「ところで、私の名前はカナコです。で、あなたは…」と言えば、相手は必ず名前を言ってくれます。あまり教科書では見かけませんが、現実にはよくあるパターンです。
※いきなり What's your name? と聞くのは失礼です。

その他のフレーズ解説

- **you know**（あのね／ねぇ）
- **I mean**（つまり／と言うか）
- **anyway**（とにかく／いずれにしても）
- **be allergic to ~**（～にアレルギーがある）

対話019　雑談（日本のことを紹介している）

自分 You know, I kind of love and also hate the seasons in Japan.

相手 What do you mean?

自分 I mean I like the different seasons but I hate having hay fever in the spring.

相手 That sounds bad. By the way, what's hay fever?

自分 It's an allergy to pollen. If you have it, you can't stop sneezing. Your eyes get itchy, and you get a runny nose, too. I get all of these symptoms. Do you have any allergies?

相手 I'm allergic to cats, but not to pollen, thankfully.

自分 You're lucky. A lot of people are allergic to pollen in Japan.

相手 I see. But spring isn't all bad. You can see cherry blossoms in the spring.

4
あやつる

日本語訳

あのさ、僕、日本の季節が大好きでもあるし、大嫌いでもあるんだ。

どういうこと?

つまり4つの違った季節は好きなんだけど、春に花粉症になるのが大嫌いなんだ。

大変そうだね。ところで、花粉症って何?

花粉に対するアレルギーの一種だよ。花粉症だと、くしゃみがとまらないんだよ。目がかゆくなって、鼻水も出るよ。僕はこういった症状が全部出るよ。何かアレルギーはある?

ネコアレルギーだけど、運よく花粉にアレルギーはないな。

ラッキーだね。日本では花粉症の人が多いんだよ。

そうなんだ。でも、春も悪くないよ。春は桜が見られるし。

天気の話に切り替える

It looks like it's going to rain.
（雨が降りそうですね。）

天気の話はやはり鉄板ネタです。「雑談のきっかけ」だけでなく、話が進まないときに「天気に逃げる」というカードを持っておくのもいいでしょう。東南アジアではスコールが多いので、そういう意味でも重宝するフレーズです。

look like の応用パターン

このフレーズは "look like ＋ 名詞" というのが本来の形です。前置詞 like の後ろにくるのは当然「名詞」だからです。しかしながら、実際の会話ではこの文法規則が破られて、like の後ろに 主語 ＋ 動詞 がくることがあるのです。文法的には間違いなのですが、この用法は日常会話ではものすごく使われ、完全に浸透しています（試験で使っても大丈夫なほどです）。

その他のフレーズ解説

● **Is it still raining?**（まだ雨は降っていますか?）
● **It's pouring.**（雨が強く降っています。）
　※It's raining hard. でもOKですが、このpour「注ぐ」→「激しく降る」もよく使われるので、使いこなせると粋ですよ。
● **It's stopped raining.**（雨がやみました。）
　※この "It's" は "It has" の短縮形です。

38

対話020 友だちとの日常会話

😊 *自分* Are we still going out later? It looks like it's going to rain.

🙂 *相手* Look, it's already started raining a little.

😊 *自分* Oh yeah, you're right. What should we do?

🙂 *相手* Well, let's wait and see.

〔after about an hour〕

😊 *自分* Is it still raining?

🙂 *相手* Yeah, it's pouring now.

😊 *自分* That's too bad. It seems we can't go out today.

〔after about thirty minutes〕

😊 *自分* Hey, it's stopped raining.

🙂 *相手* I knew it wouldn't rain long. Let's go now.

日本語訳

😊 この後、まだ出かけるんだっけ？　雨が降りそうだよ。

🙂 見て、もう軽く雨が降ってるよ。

😊 あっ本当だ。じゃあどうする？

🙂 まぁ、ちょっと様子を見よう。

〔約1時間後〕

😊 まだ雨は降ってる？

🙂 うん、今は強く降ってるよ。

😊 残念だね。今日は出かけられないみたいだね。

〔約30分後〕

😊 ねぇ、雨やんだよ。

🙂 長くは降らないと思ってたよ。行こうか。

21 相手に「振る」

How about you?
（あなたはどうですか?）

実は、困ったときに「相手に話をさせる」ことができる、超便利フレーズなんです。you を強調して言ってみてください。

便利な How about 〜 ?

How about 〜？自体は英会話の本でおなじみで、よく「提案表現」として紹介されています。たとえば、**How about playing golf tomorrow?**「明日ゴルフするのはどうですか?」や、**How about some coffee?**「コーヒーはいかがですか?」のように使われます。

もちろんこれはこれで重宝する表現ですが、実は「相手に話題を振る」ときにも **How about** が使えるのです。相手からの質問に答えてそこで終わりにするのではなく、会話をもう1ターン自然に続けられる、便利なフレーズです。しかも「相手にも聞く」というのは英会話の(あまり教えられない隠れた)マナーでもあるのです。**How about you?** を常に念頭に置くだけで、自然とこのマナーに従うことができるわけです。

その他のフレーズ解説

● **Do you have 〜?**（〜はいますか?）
　※Do you have any 〜? という形になることが多い。

● **Tell me about 〜.**（〜について教えてください。）

39

対話021　飲み会で初対面の人との会話

👤 *相手* Do you have **any brothers or sisters**?

👩 *自分* Yes, I have three brothers and two sisters.
How about you?

👤 *相手* Wow, you have a big family. No, I don't have any.
I'm an only child.

👩 *自分* Oh, your parents must take good care of you.

👤 *相手* Kind of.

👩 *自分* That's good. You're lucky. By the way, tell me about
your work. What do you do?

👤 *相手* Sure. I'm a chef.

4
あやつる

日本語訳

👤 きょうだいはいるんですか？

👩 はい、三人の兄と二人の姉がいます。あなたは？

👤 わぁ、大家族じゃないですか。いいえ、私はきょうだいはいません。一人っ子です。

👩 へー、ご両親はあなたのこと大事にしてるでしょうね。

👤 まあ、多少は。

👩 いいことですね。羨ましいですよ。ところで、あなたの仕事について教えてください。
何の仕事をしていますか？

👤 もちろん。私はシェフをしています。

How about you?

22 意見を聞く

What do you think about ～ ?
（～についてどう思いますか?）

相手の意見・感想を聞くのに便利なフレーズですが、「まずは相手に話をさせる」のにも重宝します。about は of にしてもOK です。

意見・感想を聞く

ビジネスで新入社員のブライアンの話になったら、**What do you think about Brian?**「ブライアンについてどう思いますか?」、大阪に遊びに来た人に、**What do you think about Osaka?**「大阪についてどう思う?」、昨日髪を切って同僚にどう思うか聞くなら、**What do you think about my haircut?**「私の髪形どう思う?」などといろいろな場面で使えます。

その他のフレーズ解説

● **I think that +** 主語 **+** 動詞 **.**（～だと思います。）
● **I don't think +** 主語 **+** 動詞 **.**（～ではないと思います。）
　※英語は結論を先に述べる傾向があるので「～でないと思います」には、I think + 主語 + not ～ よりも、I don't think と否定語を先に持ってくるのが普通です。
● **I'm thinking about -ing.**（～しようかと考えています。）
　※think は通常「思う・考える」という意味（信念など）では進行形にしませんが、「一時的に考えている（例：新車の購入を考えている／旅行を考えている）」という場合には be thinking で使えます。

40

対話022　友だちとの日常会話

自分 What do you think about **surfing**?

相手 I love it. It's a lot of fun.

自分 What do you like about it?

相手 I think it's exciting and a great workout.

自分 It does look exciting, but I don't think I could learn to surf.

相手 Why don't you think so?

自分 It just looks really difficult.

相手 I'm thinking about **going surfing this weekend.** You should come with me and try it.

4

あやつる

日本語訳

サーフィンについてどう思う?

大好きだよ。すごく楽しいよね。

サーフィンのどういうところが好きなの?

エキサイティングだし、いい運動になると思うよ。

たしかに楽しそうに見えるけど、自分がサーフィンができるようになると思わないな。

何でできるとは思わないの?

だって、すごく難しそうだし。

今週末サーフィンをしようと考えてるんだ。一緒に来て試してみなよ。

23 感想を聞く①

How do you like 〜 ?
（〜はどうですか?）

「感想」を聞く表現です。何かを見たり、食べたり、相手が初めてのことなどに対して、黙って見て相手の反応待ちではなく、こちらから感想を聞く便利な表現です。

「感想」だと意識しよう

　How do you like 〜 ? を「〜はどうですか?」という訳だけ丸暗記するのはよくありません。というのも、「〜はどうですか?」という日本語は「提案」にもなるからです。

　たとえば「チョコレートはどう?」というのは、「感想」にも「提案」にも解釈できますよね。提案には How about 〜 ? などを使いますが、How do you like 〜 ? はあくまで「感想」を聞くものです。「〜をどう好きですか?」→「気に入ったかな?　どうかな?」と感想を求めるわけです。

　また、単に How is 〜 ? で「感想」を聞くときもありますが、単数の場合、How is、複数なら How are と使い分けるのが面倒なので、普段は How do you like 〜 ? を口グセにしておくといいでしょう。

その他のフレーズ解説
● I like 〜 a lot.（〜がとても好きです。）
● I don't like 〜 very much.（〜がそんなに好きではありません。）

41

対話023　友だちとレストランにて

😮 How is your steak?
相手

😊 It's one of the best I've had.
自分

😮 Do you mind if I have some?
相手

😊 Sure. Here you go.
自分

😮 Thanks.
相手

😊 How do you like it?
自分

😮 I like it a lot. It's very tender.
相手

😊 Right. Everything is perfect except for one thing.
自分

😮 The mashed potatoes?
相手

😊 Yes. I don't like them very much.
自分

4

あ
や
つ
る

日本語訳

😮 ステーキの味はどう?

😊 今まで食べた中でもトップクラスだよ。

😮 ちょっともらってもいい?

😊 いいよ。どうぞ。

😮 ありがとう。

😊 どう?

😮 すごくおいしいね。とてもやわらかい。

😊 そうだね。ひとつを除いて、ここは完璧だね。

😮 そのマッシュポテト?

😊 うん。そんなに好きじゃないんだ。

Did you enjoy –ing?
（〜するのは楽しかった?）

enjoy という単語は誰でも知っていますが、意外と使いこなせ
ないものです。「〜したんだ」と言う相手にこのフレーズを使う
ことで、もう1ターン会話が増えて盛り上がるかもしれません。

日本人がミスしやすい enjoy の使い方

　enjoy という動詞の使い方に関しては、とかく I enjoyed. のよう
に使ってしまいますが、enjoy 単独で使うのは避けましょう。海外の
レストランで店員が "Enjoy!" と言いますが、このような呼びかけで「ど
うぞ楽しんでね」と言う特別なときだけだと思ってください。
　普段は、**enjoy –ing**、**enjoy +** 名詞 、**enjoy oneself**（楽しむ）
のように、直後に名詞（「目的語」と呼びます）がきます。簡単なよ
うで、意外ときちんとわかっている人は本当に少ないので、正しく使え
るとカッコいいですよ。

その他のフレーズ解説

● **I had a great time.**（楽しかったです。）

● **How was 〜?**（〜はどうでしたか?）

　※ How was your day?「今日（一日）はどうだった?」

● **I had a 〜 day today.**（今日は〜な日でした。）

　※ day の前に wonderful「素晴らしい」などを入れます。day の代わりに
　　 time でも OK です。

対話 024　会社の同僚と話している

自分 I heard you went on a fishing trip recently. When did you get back?

相手 We got back last night. I had a great time, but I'm exhausted.

自分 Did you enjoy fishing?

相手 I did. But we didn't catch that many fish.

自分 What kind of fish did you catch?

相手 We caught some sardines and mackerel. I caught a couple of squid, too.

自分 Did you eat what you caught?

相手 Of course. There's nothing better than eating fish that you've just caught.

自分 I bet.

相手 So how's it going with you?

自分 I had a very busy day today. I'm stressed out.

4

あ
や
つ
る

日本語訳

最近、釣りに行ったそうだね。いつ帰ってきたの？

昨日の夜、帰ってきたよ。とても楽しかったけど、すごく疲れたよ。

釣りは楽しかった？

うん。でも魚はあまり釣れなかったんだ。

どんな魚を釣ったの？

イワシとサバを釣ったよ。イカも何匹か釣ったね。

釣った魚は食べた？

もちろん。釣ったばかりの魚を食べるのは最高だよ。

そうだね。

それで、君の調子はどう？

今日はすごく忙しい日だったよ。ストレスでくたくただよ。

Column3
「英語が出てこない」本当の理由

　英会話のアドバイスといえば、「ミスを恐れて話せなくなる。ミスを恐れずに英語を話そう」とよく言われます。

　たしかに学校の授業での発表や、英会話スクールでのグループレッスンなら、「ミスしたら恥ずかしい」という気持ちも出るでしょうが、実際にみなさんが英語を使う場面（英検の面接試験、仕事、海外旅行、外国人に道を聞かれたときなど）では、おそらく「ミスを恐れて話せない」わけではなかったと思います。

　そもそも「こんな感じの英語だろうけど、間違えたら恥ずかしいから」なんて思えるのは、ものすごく余裕がありますよね。

　実際には「単に英語が出てこなかった」だけではないでしょうか。きっと「何を言っていいかわからない」などの理由で、脳と体が硬直してしまったからだと思います。つまり、「ミスを恐れる」なんて余裕はなく、「間違うことさえできない」のが実情だと思います。

　このように正確な分析をすることで、「何がいけなかったのか？」に対して明確に対処できます。「ミスを恐れているから」という精神論に入ってしまうと、本当の原因が不明のままなので、英語力向上にはつながらないでしょう。

　その対処法は本書の中にあるわけです。

　ここまで読み進めてきたみなさんならもうお気づきでしょうが、「会話のパターン」を知らなかったり、それぞれの場面で「使える表現」を知らなかったりすることが大きな原因なのです。

　もちろんそれ以外にも原因はあるものの、まずはそうした大きな問題を本書で解決すれば、必ず大きな成果があげられるはずです。

70 Ⓐ 今日は何日ですか?

What's the date today?

Ⓑ えーと、今日は5月25日ですよ。

Let (　　), it's May 25th today.

---

71 Ⓐ 明日空港まで迎えに来てくれる?

Are you going to pick me up at the airport tomorrow?

Ⓑ もちろん!

(　　　　)!

4

あやつる

---

72 Ⓐ リサは優しくないってこと?

Are you saying that Lisa is not nice?

Ⓑ いや、彼女はいい人なんだけど、ただ好きじゃないんだ。

(　　), she is a nice person but I just don't like her.

---

73 Ⓐ 今日はすごく曇ってるね。

It's so cloudy today.

Ⓑ うん、雨が降りそうだよ。

Yeah, it (　　) it's going (　　).

70 Ⓐ 今日は何日ですか?

What's the date today?

Ⓑ えーと、今日は5月25日ですよ。

Let me see, it's May 25th today.

「何日ですか?」と聞くとき、日本語では「今日は」と必ず言いますが、英語では today はなくても OK です。 ▶フレーズ 17

---

71 Ⓐ 明日空港まで迎えに来てくれる?

Are you going to pick me up at the airport tomorrow?

Ⓑ もちろん!

Definitely!

Of course! でもいいのですが、それは誰でも言えるので、バリエーションとして Definitely! を使えるようにしておきましょう。 ▶フレーズ 18

---

72 Ⓐ リサは優しくないってこと?

Are you saying that Lisa is not nice?

Ⓑ いや、彼女はいい人なんだけど、ただ好きじゃないんだ。

I mean, she is a nice person but I just don't like her.

I mean は、補足したり言い直したりするときに使います。 ▶フレーズ 19

---

73 Ⓐ 今日はすごく曇ってるね。

It's so cloudy today.

Ⓑ うん、雨が降りそうだよ。

Yeah, it looks like it's going to rain.

going to rain は gonna rain (ガナ・レイン) のように言うと、自然な発音になります。 ▶フレーズ 20

74 Ⓐ 何のお仕事をしていますか?

What do you do?

　Ⓑ 私は教師です。あなたはどうですか?

I'm a teacher. (　　　　)?

74
「相手に振る」ときの
表現で、Hで始めます
／ What do you do?
は144ページ参照。

75 Ⓐ 飲みに行こうよ!

Let's go out for a drink!

　Ⓑ 天気が悪くなってきているよ。
　　良い考えとは思わないな。

**It looks like it might rain.
(　　　) that's a good idea.**

75
「良い考えじゃないと
思う」→「それは良い
考えだとは思わない」
と考えてください。

4

あやつる

76 Ⓐ あの新しい美容院は気に入っていますか?

(　　　　) the new salon?

　Ⓑ すごくいいです!　ヘアスタイリストさんたちがう
　　まいです。

**I love it! The hair stylists are
excellent.**

76
like を使ってみてくだ
さい。

77 Ⓐ 先週末、プールに行ってきたんだ。

I went to the pool last weekend.

　Ⓑ 泳ぐのは楽しかった?

(　　　) swimming?

77
時制に注意してくださ
い。

こたえ

74Ⓐ 何のお仕事をしていますか？

What do you do?

Ⓑ 私は教師です。あなたはどうですか？

I'm a teacher. How about you?

ここでは you を強調するので、「ユー」はハッキリ発音します。　▶フレーズ 21

75Ⓐ 飲みに行こうよ！

Let's go out for a drink!

Ⓑ 天気が悪くなってきているよ。良い考えとは思わないな。

It looks like it might rain.
I don't think that's a good idea.

That's not a good idea. だと強い否定になってしまうので、I don't think を使って和らげるのがオススメです。　▶フレーズ 22

76Ⓐ あの新しい美容院は気に入っていますか？

How do you like the new salon?

Ⓑ すごくいいです！　ヘアスタイリストさんたちがうまいです。

I love it! The hair stylists are excellent.

お店、食べ物、新しく住み始めた場所など、How do you like 〜？でいろいろなことが聞けます。　▶フレーズ 23

77Ⓐ 先週末、プールに行ってきたんだ。

I went to the pool last weekend.

Ⓑ 泳ぐのは楽しかった？

Did you enjoy swimming?

Did you は「ディジュ」と発音すると、英語らしくなります。　▶フレーズ 24

78 Ⓐ おじい様はおいくつですか?

How old is your grandfather?

Ⓑ えーっと、72歳です。

(   ) see, he's 72 years old.

78
seeがヒントです。

---

79 Ⓐ 私の家を見つけるのは難しかったですか?

Did you have any trouble finding my house?

Ⓑ そうでもないよ。君の説明が良かったよ。

(   ). You gave good directions.

79
直訳は「あまり本当ではない」というフレーズです。

4

あやつる

---

80 Ⓐ ラーメンがすっごく食べたい。

I have a craving for ramen.

Ⓑ ねぇ、3番通りにいいラーメン屋さんがあるよ。行く?

(   ), there's a good ramen shop on 3rd Street. You want to go?

80
craving「熱望」／空欄には「あのさ」といった言葉を入れます。

---

81 Ⓐ まだ雨が降ってますか?

Is it still raining?

Ⓑ いや、やんでます。

No, (   ) raining.

81
「やむ」→「止まる」と考えてください。

78Ⓐ おじい様はおいくつですか?

How old is your grandfather?

Ⓑ えーっと、72歳です。

Let me see, he's 72 years old.

Let me see. は、let＋人＋動詞の原形 「人に動詞させる」の形で、直訳「私に（状況を）眺めさせて」→「少し時間をちょうだい」→「えーっと」になるわけです。

▶フレーズ 17

79Ⓐ 私の家を見つけるのは難しかったですか?

Did you have any trouble finding my house?

Ⓑ そうでもないよ。君の説明が良かったよ。

Not really. You gave good directions.

No だとストレートすぎると感じるときに、Not really. が便利です。Do you like anime? – Umm...not really. とすれば、相手がアニメ好きでも傷つけません。

▶フレーズ 18

80Ⓐ ラーメンがすっごく食べたい。

I have a craving for ramen.

Ⓑ ねぇ、3番通りにいいラーメン屋さんがあるよ。行く?

You know, there's a good ramen shop on 3rd Street. You want to go?

You want to go? のように付け足すととても自然な会話になります。▶フレーズ 19

81Ⓐ まだ雨が降ってますか?

Is it still raining?

Ⓑ いや、やんでます。

No, it's stopped raining.

逆にまだ降っている場合は、Yeah, it's raining pretty hard. などと言えます。この pretty は「可愛い」ではなく、「けっこう・かなり」です。　　　▶フレーズ 20

ヒント

82 Ⓐ 今日何をしましたか?

What did you do today?

Ⓑ えっと… 親友と買い物へ行きました。
あなたはどうですか?

Well, I went shopping with my best friend. (　　　　)?

82
「相手に振る」ときの表現で、Hで始めます。

---

83 Ⓐ パンケーキを作るのに何カップの牛乳が必要なの?

How many cups of milk do we need to make pancakes?

Ⓑ 2カップ必要だと思うよ。

(　　) we need two cups.

83
1 cup は国によって違いますが、200cc強くらいです。英語のレシピではccではなくcupを単位として使います。

4
あやつる

---

84 Ⓐ 私の新しいスニーカーどう?

(　　　　) my new sneakers?

Ⓑ 似合ってるよ。 その色いいね。

They suit you. I like the color.

84
Howとdoを使ってみてください。

---

85 Ⓐ 今日どうだった?

How was your day?

Ⓑ いい日だったよ!

(　　) a great (　　　　)!

85
「いい日だった」→「今日はいい日を持った」と考えてください。

82 Ⓐ 今日何をしましたか？

What did you do today?

Ⓑ えっと…親友と買い物へ行きました。あなたはどうですか？

Well, I went shopping with my best friend. How about you?

「ハウ・(ァ) バウッ・ユー」のように発音すると、英語らしくなります。

▶フレーズ 21

---

83 Ⓐ パンケーキを作るのに何カップの牛乳が必要なの？

How many cups of milk do we need to make pancakes?

Ⓑ 2 カップ必要だと思うよ。

I think we need two cups.

「100% 確かじゃないけど、自分はそう思う」という場合は、Ⓑのように I think をつけるのがオススメです。

▶フレーズ 22

---

84 Ⓐ 私の新しいスニーカーどう？

How do you like my new sneakers?

Ⓑ 似合ってるよ。その色いいね。

They suit you. I like the color.

sneakers は複数形なので、答える側のときは They を使います。　▶フレーズ 23

---

85 Ⓐ 今日どうだった？

How was your day?

Ⓑ いい日だったよ！

I had a great day today!

Pretty good.「すごく良かった」や Not bad.「悪くなかった」などの返し方もあります。

▶フレーズ 24

郵 便 は が き

170-8789

104

東京都豊島区東池袋3-1-1
サンシャイン60内郵便局
私書箱1116号

株式会社 高橋書店
書籍編集部 ⑲ 行

‖‖・‖‖・‖‖・‖‖‖‖・‖・‖・‖・‖・‖・‖・‖・‖・‖・‖・‖・‖

※ご記入いただいた個人情報は適正に管理いたします。取扱いについての詳細は弊社のプライバシーステイトメント
（https://www.takahashishoten.co.jp/privacy/）をご覧ください。ご回答いただきましたアンケート結果については、
今後の出版物の企画等の参考にさせていただきます。なお、以下の項目は任意でご記入ください。

| お名前 | 年齢： 歳 |
| | 性別： 男 ・ 女 |

| ご住所 〒 － |

| 電話番号 － － | Eメールアドレス |

ご職業
①学生　　　　②会社員　　　③公務員　　　④教育関係　　　⑤専門職
⑥自営業　　　⑦主婦・主夫　⑧無職　　　　⑨その他（　　　　　　　　）

裏面のご感想やご意見を匿名で、本の紹介や広告等に使用してもよろしいですか？ □はい　□いいえ
今後の企画検討時に、アンケート等でご協力いただけますか？　　　　　　　　　□はい　□いいえ

弊社発刊の書籍をお買い上げいただき誠にありがとうございます。皆様のご意見を参考に、よりよい企画を検討してまいりますので、下記にご記入のうえ、お送りくださいますようお願い申し上げます。

ご購入書籍 ネイティブが使っている
43のテクニックで英語が楽しくなる！

A あなたの英語のレベルはどれくらいですか？
☐まったく話せない。苦手　　　　　☐カタコトで最低限の意思疎通ができる
☐かんたんな日常会話程度ならわかる　☐日常会話は困らないレベル
☐仕事でも使えるレベル

B 英語を勉強しようと思ったきっかけは何ですか？（複数回答可）
☐仕事など英語を使う必要に迫られて　　☐旅行先など英語を話す機会が増えるので
☐英語を話すことに以前から憧れがあった　☐勉強する時間を取れるようになったから
☐友人や知人が英語を話したり、習っていたのを見て
☐その他（　　　　　　　　　　　　　　　　　　　　　　　　　　　　　　）

C 本書を知ったきっかけは何ですか？
☐書店やネット書店でたまたま見つけた　　☐著者のSNSで
☐SNSやネットなどの口コミを見て　　　　☐その他（　　　　　　　　　　　　）

D 本書の購入の決め手は何ですか？（複数回答可）
☐タイトル　　☐価格　　☐著者　　☐カバー　　☐紙面デザイン　　☐口コミ(レビュー)

E 本書の以下の点についてご感想をお聞かせください
内容の充実度	1 少なすぎる	2 ちょうどよい	3 多すぎる
収録フレーズ	1 かんたんすぎる	2 ちょうどよい	3 むずかしすぎる
エクササイズの問題数	1 少なすぎる	2 ちょうどよい	3 多すぎる
カバーデザイン	1 よい	2 ふつう	3 わるい

F 英語の勉強で、参考にしている書籍やSNSアカウントがあれば、お書きください

G 本書のご感想や関先生へのメッセージなどを自由にお書きください
こちらに記入いただいた内容は、POP、弊社HP、ネット書店等にて匿名で紹介させていただく場合があります。

ご協力ありがとうございました

アンケートは
QRコードからも
簡単に回答できます

86 Ⓐ "stranger" ってどういう意味ですか?

What does "stranger" mean?

Ⓑ うーん、ちょっと待ってください。辞書で調べさせてください。

Um, (　　　　).
Let me check my dictionary.

---

87 Ⓐ 今夜の野球の試合を見る?

Are you going to watch the baseball game tonight?

Ⓑ 場合によるかな。時間があれば見るよ。

(　　　　). If I have time, I will.

---

88 Ⓐ ところで、アナが結婚するって聞いたよ。

(　　　　), I heard that Ana is getting married.

Ⓑ それはめでたいね!

That's good news!

---

89 Ⓐ まだ雨は降ってる?
ショッピングモールに行く予定なんだ。

Is it (　　　　)?
I'm planning to go to the mall.

Ⓑ うん。もし行くなら気をつけてね。

Yes. Be careful if you do.

こたえ

86Ⓐ "stranger" ってどういう意味ですか？

What does "stranger" mean?

Ⓑ うーん、ちょっと待ってください。辞書で調べさせてください。

Um, wait a minute. Let me check my dictionary.

Wait a をくっつけて「ウェイタ」、さらに「タ」を「ダ」で発音して、minute の語末のtを言わないで「ウェイダ・ミニッ」とすると良い感じになります。　▶フレーズ 17

87Ⓐ 今夜の野球の試合を見る？

Are you going to watch the baseball game tonight?

Ⓑ 場合によるかな。時間があれば見るよ。

It depends. If I have time, I will.

Ⓑのように「時間があれば見る」といった情報を加えてもいいです。　▶フレーズ 18

88Ⓐ ところで、アナが結婚するって聞いたよ。

By the way, I heard that Ana is getting married.

Ⓑ それはめでたいね！

That's good news!

Ⓐの発言の前は別の話題だったと推測できます。　▶フレーズ 19

89Ⓐ まだ雨は降ってる？　ショッピングモールに行く予定なんだ。

Is it still raining?
I'm planning to go to the mall.

Ⓑ うん。もし行くなら気をつけてね。

Yes. Be careful if you do.

逆にもう降ってない場合は、No, it's stopped raining. などと言えます。

▶フレーズ 20

90 Ⓐ じゃあ、自己紹介をお願いします。

All right, (　　　　) yourself.

Ⓑ もちろん。私の名前はロバートです。
東京で働いています。

Sure, my name is Robert and I work in Tokyo.

---

91 Ⓐ 休暇にスペインに行く予定はまだありますか?

Are you still going to Spain for vacation?

Ⓑ いいえ、今回は行ける余裕がないと思います。

No, (　　　　) I can afford to go this time.

---

92 Ⓐ ジャズは好きですか?

Do you like jazz music?

Ⓑ ジャズはそんなに好きではありません。

(　　　　) jazz (　　　).

---

93 Ⓐ 楽しかったです。

I had (　　　　).

Ⓑ 私もです。また近々遊びましょう。

**Me too.
Let's hang out again soon.**

90Ⓐ じゃあ、自己紹介をお願いします。

All right, tell me about yourself.

Ⓑ もちろん。私の名前はロバートです。東京で働いています。

Sure, my name is Robert and I work in Tokyo.

たとえば英会話レッスンで tell me about yourself と言われたら、名前、住んでる場所、仕事、趣味あたりを言うといいでしょう。　▶フレーズ 21

91Ⓐ 休暇にスペインに行く予定はまだありますか？

Are you still going to Spain for vacation?

Ⓑ いいえ、今回は行ける余裕がないと思います。

No, I don't think I can afford to go this time.

don't は「ドウンッ」のように言うと、英語らしい発音になります。　▶フレーズ 22

92Ⓐ ジャズは好きですか？

Do you like jazz music?

Ⓑ ジャズはそんなに好きではありません。

I don't like jazz very much.

very much は that much でも OK です。　▶フレーズ 23

93Ⓐ 楽しかったです。

I had a great time.

Ⓑ 私もです。また近々遊びましょう。

Me too. Let's hang out again soon.

great time は「グレイッ・タイム」のように、great の t を飲み込むように発音するとより自然に聞こえます。　▶フレーズ 24

94 Ⓐ なぜ英語を学びたいのですか?

Why do you want to learn English?

Ⓑ えっと、説明するのが難しいなあ。

Well, (　　　　　　　).

94
「そのことは」で始めます。

95 Ⓐ フライトで疲れた?

Are you tired from your flight?

Ⓑ そんなに。ほとんど寝てたよ。

(　　　). I slept most of the way.

95
直訳は「あまり本当ではない」というフレーズです。

4
あやつる

96 Ⓐ ねぇ、この部屋、黄色に塗ろうよ。

(　　　), we should paint this room yellow.

Ⓑ うん。黄色が合うね。

Right. Yellow would suit this room.

96
「あのさ」といった言葉を入れます。

97 Ⓐ 天気予報では今日は快晴って言ってたよ。

The weather forecast says it will be sunny today.

Ⓑ 本当に?　雨が降りそうだよ。

Really? (　　　) it's going to rain.

97
「降りそう」→「降るように見える」と考えてください。

こたえ

94Ⓐ なぜ英語を学びたいのですか？

Why do you want to learn English?

Ⓑ えっと、説明するのが難しいなあ。

Well, that's hard to explain.

hard の d の音は飲み込む感じで、to は軽く「トゥ・タ」と言うと自然です。

▶フレーズ 17

95Ⓐ フライトで疲れた？

Are you tired from your flight?

Ⓑ そんなに。ほとんど寝てたよ。

Not really. I slept most of the way.

not は「ナッ」のように t の音を飲み込むようにすると、英語らしい発音になります。

▶フレーズ 18

96Ⓐ ねぇ、この部屋、黄色に塗ろうよ。

You know, we should paint this room yellow.

Ⓑ うん。黄色が合うね。

Right. Yellow would suit this room.

you know は海外スターのインタビューを聞くとほぼ必ず出てきます。

▶フレーズ 19

97Ⓐ 天気予報では今日は快晴って言ってたよ。

The weather forecast says it will be sunny today.

Ⓑ 本当に？　雨が降りそうだよ。

Really? It looks like it's going to rain.

The weather forecast says で「天気予報では〜だ」というよく使われる表現です。

▶フレーズ 20

98 Ⓐ ハワイに友だちはいますか?

（　　　　）any friends in Hawaii?

Ⓑ はい、います。
たいてい夏に彼らのもとに行きます。

Yes, I do. I usually visit them in the summer.

98
「〜がいる」にはhで始まるおなじみの動詞を使います。

---

99 Ⓐ このネクタイどう思う?

（　　）do you think（　　）this tie?

Ⓑ 似合ってるよ。

It looks good on you.

99
「どう」につられてHowを使わないように注意してください。

4

あやつる

---

100 Ⓐ 新しいアパートはどうですか?

（　　）is your new apartment?

Ⓑ 最高です。気に入ってます。

It's great. I like it.

100
ある疑問詞を入れます。

---

101 Ⓐ ちょうどオランダから戻ったところだよ。

I just came back from the Netherlands.

Ⓑ フライトはどうでしたか?

（　　　　）your flight?

101
時制に注意してください。

98Ⓐ ハワイに友だちはいますか?

Do you have any friends in Hawaii?

Ⓑ はい、います。たいてい夏に彼らのもとに行きます。

Yes, I do. I usually visit them in the summer.

Do you は「ドゥーユー」よりも、「デュユ」のようにくっついた感じで発音されることが多いです。　▶フレーズ 21

99Ⓐ このネクタイどう思う?

What do you think about this tie?

Ⓑ 似合ってるよ。

It looks good on you.

買い物に行って、何かを買おうか迷ってるときには、Ⓐの質問が便利です。物 + look good on + 人「物が人に似合う」　▶フレーズ 22

100Ⓐ 新しいアパートはどうですか?

How is your new apartment?

Ⓑ 最高です。気に入ってます。

It's great. I like it.

How is は How's になることも多いです。　▶フレーズ 23

101Ⓐ ちょうどオランダから戻ったところだよ。

I just came back from the Netherlands.

Ⓑ フライトはどうでしたか?

How was your flight?

How was your flight? は決まり文句と言えるほどよく使われます。　▶フレーズ 24

102 Ⓐ 話が変わるけど、私とルーク、別れたんだ。

(___), Luke and I broke up.

Ⓑ 本当に？　なんで？

Are you serious? How come?

102
bで始まる単語が最初
にきます。How come
はWhyと同じ意味です。

---

103 Ⓐ 強い雨が降っていますね。

It's (___).

Ⓑ そうですね。
家に帰る時間までにはやむといいですね。

Yes, I hope it stops before it's
time to go home.

103
本来は「注ぐ」という
意味の単語を使いま
す。

4

あやつる

---

104 Ⓐ 後で外食しようと思ってるんだけど。

I'm (___) going out to eat
later.

Ⓑ 私も。一緒に行こう。

Me too. Let's go together.

104
「外食しようと思って
る」→「外食すること
について考えてる」と考え
てください。

---

105 Ⓐ ピザの上にたまねぎが欲しいな。　あなたは？

I'd like onions on my pizza.
How about you?

Ⓑ いりません。たまねぎアレルギーなんだ。

No thanks. (___) onions.

105
まずは主語から始めま
しょう。

102Ⓐ 話が変わるけど、私とルーク、別れたんだ。

By the way, Luke and I broke up.

Ⓑ 本当に？　なんで？

Are you serious? How come?

発展ですが、By the way 以外に Oh yeah も使えます。Oh yeah は、何か別の話題を思い出したように、話題を切り替えるフレーズです。　　▶フレーズ 19

103Ⓐ 強い雨が降っていますね。

It's pouring.

Ⓑ そうですね。家に帰る時間までにはやむといいですね。

Yes, I hope it stops before it's time to go home.

pouring は raining hard でも OK。逆に軽い雨の場合、It's sprinkling. などが便利です。　　▶フレーズ 20

104Ⓐ 後で外食しようと思ってるんだけど。

I'm thinking about going out to eat later.

Ⓑ 私も。一緒に行こう。

Me too. Let's go together.

Me too. はよく使う同意の表現です。いろいろな場面で使えます。　▶フレーズ 22

105Ⓐ ピザの上にたまねぎが欲しいな。あなたは？

I'd like onions on my pizza. How about you?

Ⓑ いりません。たまねぎアレルギーなんだ。

No thanks. I'm allergic to onions.

allergic は「アラージック」と発音します。　　▶フレーズ 19

106 Ⓐ スマホを無くしたって聞きましたよ。

I heard you lost your phone.

Ⓑ はい、今日は悪い日でした。

Yes, (　　) a bad (　　　).

106
「今日は悪い日でした」
→「今日、私は悪い日を持ちました」と考えてください。

107 Ⓐ あなたとトムって本当に仲がいいよね。

You and Tom are really close.

Ⓑ うん。あ、友だちとして、ね。

Yes, we are. As friends, (　　).

107
mean を使います。

4

あやつる

108 Ⓐ まだ雨は降ってる?

Is it (　　　　)?

Ⓑ うん、やまなかったら洪水にならないか心配だな。

Yeah, I'm worried it'll flood if it doesn't let up.

108
「まだ」には s で始まる単語を使います。

109 Ⓐ 今夜のクライアントとの夕食に間に合う?

Can you make it in time for dinner with our clients tonight?

Ⓑ うん、間に合うと思うよ。

Yes, (　　) I can make it.

109
主語を補うのを忘れないようにしましょう。

106Ⓐ スマホを無くしたって聞きましたよ。

I heard you lost your phone.

Ⓑ はい、今日は悪い日でした。

Yes, I had a bad day today.

カジュアルな場合は Yes ではなく Yeah と言っても OK です。　　　▶フレーズ 24

107Ⓐ あなたとトムって本当に仲がいいよね。

You and Tom are really close.

Ⓑ うん。あ、友だちとして、ね。

Yes, we are. As friends, I mean.

相手が自分の言ったことを勘違いしてる・しそうなときなど、内容を言い直す際に
I mean が効果的です。　　　▶フレーズ 19

108Ⓐ まだ雨は降ってる?

Is it still raining?

Ⓑ うん、やまなかったら洪水にならないか心配だな。

Yeah, I'm worried it'll flood if it doesn't let up.

let up は「やめる・静まる・(雨が) やむ」という意味です。単純に if it doesn't
stop raining でも OK です。　　　▶フレーズ 20

109Ⓐ 今夜のクライアントとの夕食に間に合う?

Can you make it in time for dinner with our clients tonight?

Ⓑ うん、間に合うと思うよ。

Yes, I think I can make it.

make it は核となる意味が「うまくいく」で、そこから「間に合う・都合がつく」などの意味になります (36 ページ)。　　　▶フレーズ 22

ヒント

110 Ⓐ あなたがくれた本を読んでるよ。

I'm reading the book you gave me.

Ⓑ どう?

(　　) is it?

110
ある疑問詞を入れます。

---

111 Ⓐ 昨日両親に会いに行ってきたよ。

I went to see my parents yesterday.

Ⓑ いいね。楽しく過ごせた?

That's nice. Did you (　　　　) time with them?

111
「過ごすことを楽しんだ」と考えてください。
「過ごす」はsで始まる単語です。

4

あやつる

---

112 Ⓐ アヤのことどう思う?

(　　) do you (　　　　) Aya?

Ⓑ すごく優しいと思うよ。私は好きだよ。

She is really nice. I like her.

112
「どう」がポイントです。

---

113 Ⓐ 私の新しい髪の色どう?

How do you like my new hair color?

Ⓑ すごくいいね。どこの美容院に行ったの?

**(　　) it (　　).
Which salon did you go to?**

113
「すごくいいね」→「私はたくさん好きです」と考えてください。

110Ⓐ あなたがくれた本を読んでるよ。

I'm reading the book you gave me.

Ⓑ どう?

How is it?

Ⓑの it は the book を指します。

▶フレーズ 23

111Ⓐ 昨日両親に会いに行ってきたよ。

I went to see my parents yesterday.

Ⓑ いいね。楽しく過ごせた?

That's nice. Did you enjoy spending time with them?

spend time with + 人 で「人と一緒に時間を過ごす」という意味です。

▶フレーズ 24

112Ⓐ アヤのことどう思う?

What do you think about Aya?

Ⓑ すごく優しいと思うよ。私は好きだよ。

She is really nice. I like her.

逆に優しくない場合は、She's really mean. I don't like her.「すごく意地悪で、好きじゃない」などと答えます。

▶フレーズ 22

113Ⓐ 私の新しい髪の色どう?

How do you like my new hair color?

Ⓑ すごくいいね。どこの美容院に行ったの?

I like it a lot. Which salon did you go to?

Ⓑの Which salon did you go to? のように相手に質問を返すのも会話を続けるテクニックの1つです。

▶フレーズ 23

ヒント

114 Ⓐ ショー、最高でしたね!

The show was great!

Ⓑ はい、楽しい時間でした。

Yes, I (　　　　　) time.

114
「楽しい時間でした」→
「よい（素晴らしい）時間を持った」と考えてください。

---

115 Ⓐ 京都での滞在はどうでしたか?

(　　　) your stay in Kyoto?

Ⓑ とても楽しかったです!

It was a lot of fun!

115
時制に注意してください。

4

あやつる

114Ⓐ ショー、最高でしたね！

The show was great!

Ⓑ はい、楽しい時間でした。

Yes, I had a great time.

Yeah, I liked it. などの返答も可能です。　　　　　　　▶フレーズ 24

115Ⓐ 京都での滞在はどうでしたか？

How was your stay in Kyoto?

Ⓑ とても楽しかったです！

It was a lot of fun!

It was really fun! と言うこともできます。　　　　　　　▶フレーズ 24

PART 5

広げる

　英会話をうまくこなすためには、たくさんの会話の「引き出し」が必要だと思われています。でもあらゆる話題に対応するなんて、日本語の会話でも無理な話ですよね。

　実際に必要なのは、1つの話題をちょっと広げるテクニックです。たとえば自己紹介で自分の住んでいるところを言った後に be famous for 〜「〜を理由に有名だ」を使って地元の名産などを紹介すれば、相手は必ずリアクションをしてくれます。こういった、話を広げるのに便利なフレーズをマスターしていきます。

25 アドバイスする

> If I were in your shoes, I would 〜.
> （私があなたの立場だったら、〜するだろう。）

文法で出てくる「仮定法」はこういった表現で大活躍します。「私ならこうするけどなあ」という言い方はビジネスでも恋愛話でも便利です。

shoes は「立場」

アドバイスをする場面などでこのフレーズがよく使われます。直訳「もしあなたの靴を履いていたら」から、意味は推測できるでしょう。あくまで「仮にもし私なら」という意味なので、仮定法の I were や would を使います。

ちなみに、in は「着用の in（〜を身につけて）」で、in your shoes だけで if I were in your shoes の意味で使うこともできます。

その他のフレーズ解説

● **I hate to tell you this, but 〜.**（ちょっと言いにくいんだけど、〜。）
　　※hate「嫌う」で、直訳「これを言いたくないんだが」

● **It's not the end of the world.**（この世の終わりじゃないんだし。）
　　※仕事がうまくいかない、恋人と別れた、など、励ますときに使う。

● **Everything is going to be all right.**
　　（きっとすべてがうまくいくよ。）

自分 Hey Phil. I hate to tell you this, but your proposal for the upcoming project was rejected by the committee.

相手 I worked on that for two months! This is frustrating.

自分 It's not the end of the world. The project launch is in December.

相手 That's only two months from now! What should I do?

自分 If I were in your shoes, I would make another proposal.

相手 Is there enough time? I don't think I can finish it before the end of the year.

自分 You can still make it. Believe in yourself. Everything is going to be all right.

5

広げる

日本語訳

お疲れ、フィル。ちょっと言いにくいんだけど、今度のプロジェクトでのあなたの企画案が委員に却下されたよ。

それに2か月も取り組んできたのに！　悔しいよ。

この世の終わりじゃないんだし。このプロジェクトの開始は12月だよ。

今から2か月しかないよ！　どうしたらいいの？

私が君の立場だったら、別の企画案を作るだろうな。

時間足りるかな？　年末までに間に合うとは思えないよ。

いや、まだ間に合うよ。自分を信じて。きっとすべてがうまくいくよ。

What do you do?
（お仕事は何をしていますか?）

職業を聞く表現です。自分から聞くことで、会話の主導権を握ることもできますし、気まずい沈黙時に話題を振ることもできます。

いきなり使って OK

What do you do? は、直訳「あなたは普段、何をするの?」→「お仕事は何を?／ご職業は?」という意味になる決まり文句です。**What is your job?** は少し雑な言い方で、普通は **What do you do?** を使います。この表現、初対面からガンガン使われます。僕自身、アメリカ人・イギリス人・オーストラリア人・ヨルダン人から初対面でいきなり聞かれた経験があります。

I'm a homemaker.「主婦です」、**I'm retired.**「定年退職しています」など、自分に関する表現はパッと言えるようにしておきましょう。

また、**office worker**「会社員」だけでは何をしているかが伝わらないので、仕事内容で答えましょう。たとえば「人事」なら **I work in human resources.** と、「経理・会計士」なら **I'm an accountant.** と答えます。

その他のフレーズ解説

● **Nice to meet you.**（はじめまして／よろしくお願いします。）
● **Nice to meet you, too.**
　（こちらこそはじめまして／こちらこそよろしくお願いします。）
● **Please call me ～.**（～と呼んでください。）

56

対話026 パーティーでの自己紹介

😊 **自分** Hi! Nice to meet you. **My name is AJ.**

😊 **相手** Nice to meet you, too. **My name is Hiro Tada.**

😊 **自分** **What should I call you?**

😊 **相手** Please call me **Hiro.**

😊 **自分** **All right. So,** what do you do, **Hiro**?

😊 **相手** **I'm a pilot. I work for American Airlines.**

😊 **自分** **Really? You're kidding me! Actually, I'm going to start working for American Airlines as a flight attendant.**

😊 **相手** **Wow! What a small world!**

5

広げる

日本語訳

😊 こんにちは！　はじめまして。私の名前はエイジェイです。

😊 こちらこそはじめまして。私の名前は多田ヒロです。

😊 どのように呼べばいいですか？

😊 ヒロと呼んでください。

😊 わかりました。ところで、ヒロ、お仕事は何をしていますか？

😊 私はパイロットです。アメリカン航空で働いています。

😊 本当に？　冗談ですよね！　実は私もアメリカン航空でフライトアテンダントとして働く予定なんです。

😊 えっ！　世間って狭いですね！

27 初対面で会話を広げる②

> What do you do in your free time?
> （趣味は何ですか？）

**趣味や息抜きが合えば、これほど盛り上がることはありません。
自分からこの質問を投げかけてみましょう。**

hobby には熱心さが必要

前ユニットの **What do you do?** は「職業」を聞くフレーズでした。趣味や余暇ですることをたずねるには、今回のように、**What do you do** に **in your free time** をくっつけます。直訳は「時間のあるときに、あなたは普段、何をしますか？」となります。

ちなみに「趣味」と聞くと、**hobby** が浮かぶと思いますが、この単語は「そこから精神的充足感を得るもの・ガチでやるもの」に使われることが多いです（絶対ではありませんが）。スポーツ・読書・音楽鑑賞などが **hobby** です。

一方、カラオケや買い物は英語の世界では「気晴らし」になるので、**hobby** ではなく **pastime** を使うほうがいいでしょう。**time**「時間」を **pas** (=**pass**)「過ごす」という意味です。

どちらにしろ、**hobby** 自体、日本人が考えるほどは会話では使われませんので、まずは今回のフレーズをしっかりマスターしておきましょう。

その他のフレーズ解説

● **I like –ing.**（〜するのが好きです。）

※ I like watching movies. 「私は映画を見るのが好きです」

57

対話 027　新しく会社に入った同僚との会話

🧑 **自分** What do you do in your free time?

🙂 **相手** Well, I often go to karaoke with my friends. I like singing King Gnu's songs.

🧑 **自分** Wow, you're kidding. Me, too! Actually, I just went to their concert last week.

🙂 **相手** How was it? I've heard they put on a great show.

🧑 **自分** The concert itself was amazing. Our seats were pretty close to the stage, so we could see well. On the other hand, the line for the restroom was almost an hour long.

🙂 **相手** That always happens. It's one of the things I hate about concerts.

5

広げる

日本語訳

🧑 趣味は何ですか？

🙂 そうですね、よく友だちと一緒にカラオケに行きます。King Gnu（アーティスト名）の歌を歌うのが好きなんです。

🧑 えー、ウソでしょ。私もですよ！　実は、先週彼らのコンサートに行ったばかりなんです。

🙂 どうでしたか？　すごくいいライブをしたと聞いています。

🧑 コンサート自体は素晴らしかったですよ。私たちの席はステージに近かったので、よく見えました。一方で、トイレの列が1時間近く並んでいました。

🙂 いつもそうなんです。私がコンサートですごく嫌なことの1つです。

28 旅行先で会話を広げる

Have you ever been to 〔場所〕?
（今までに〜へ行ったことがありますか?）

僕の経験ですが、ヨーロッパではやたらと「私、日本に旅行したことあるの」と話しかけられることが多いです。そんな**旅行の話題で重宝する**表現です。

have been to 〜 という熟語について

have been to 〜 は「〜へ行ったことがある」「〜へ行ってきたところだ」という2つの意味を持つ熟語です。「行く」につられて、思わず**have gone to 〜** と間違えることがありますが、こちらは「〜へ行ってしまった（もうここにいない）」という意味なので注意してください。

また、「一度も〜に行ったことがない」は、**have never been to 〜** とします。**I have never been to New York.**「ニューヨークには一度も行ったことがありません」となります。

最後に少し応用ですが、「海外に行ったことがある」は、**have been abroad[overseas]** という表現が自然です。**abroad** と **overseas** は「副詞」というもので、直前に前置詞 **to** を必要としません（たとえば、副詞 **home** は **go home** という形で使いますね。**home** の前に **to** はきません）。

対話028　海 外 旅 行 先 で 出 会 っ た 観 光 客 （ タ イ 人 ） と の 会 話

自分 I am really enjoying this bus tour of Rome. It's my first time visiting Italy.

相手 It's my second time. I liked Italy so much the first time that I decided to come back.

自分 Where did you say you're from?

相手 I'm from Bangkok in Thailand. I really enjoy traveling abroad.

自分 How many countries have you been to?

相手 Several. I have been to about six countries in Europe, the United States, and two countries in Asia.

自分 Wow! That's a lot of countries. Have you ever been to Japan?

相手 Sorry, I have never been to Japan. I want to go someday, though.

自分 I recommend you go in the spring or in the fall. That's when the weather is the best.

日本語訳

私はこのローマのバスツアーをとても楽しんでいます。イタリアを訪れるのは初めてです。

僕は2回目です。1回目でイタリアが本当に気に入ったので、また来ようと思いました。

出身はどちらでしたっけ？

タイのバンコクです。海外旅行が大好きなんです。

何か国の国に行ったことがありますか？

数か国です。ヨーロッパの6か国くらいとアメリカ、アジアの2か国くらいに行ったことがあります。

わあ！　たくさんの国ですね。日本に来たことはありますか？

すみませんが、日本には行ったことがないんです。でも、いつかは行ってみたいと思っています。

春か秋に行くことをオススメします。その時期は天気が一番いいですからね。

情報を追加する

> 〔地名〕is famous for 〜.
> (〔地名〕は〜で有名です。)

自分の住んでいるところを言ったとき、それが外国人にとって
なじみのない地名であれば、説明を加えると会話が盛り上がり
ます。そんなときに重宝するフレーズです。

be famous for 〜 で説明する

　日本好きの外国人から、**Where in Japan do you live?**「日本の
どこに住んでいるの?」と聞かれたとき、**Tokyo** や **Kyoto** なら通じま
すが、47 都道府県をすべて知っている外国人はいないでしょうから、
「?」となる反応もあるはずです。

　「知らないなら聞くなよ」と言いたいときもあるでしょうし、面倒な
ので Tokyo と答えてしまうのも1つではありますが、ここは自分がそ
の都道府県の観光大使になったつもりでアピールしてしまいましょう。

　たとえば、**Shizuoka is famous for green tea.**「静岡は緑茶で
有名です」などと言えます。**be famous for 〜** は直訳「〜を理由に
有名だ」です。ちなみに「理由の for」は Thank you for teaching
me. でも出てきました (**70** ページ)。

その他のフレーズ解説

● **May I ask how old you are?**
　(年齢をお伺いしてもいいですか?)

● **You're flattering me.**(お世辞がお上手ですね。)

対話029　海外旅行中の会話・初対面の人との会話

🙂 May I ask where you are from?

🙂 I'm from Japan.

🙂 Where in Japan do you live?

🙂 I live in Kagawa. It's famous for udon noodles.

🙂 You look so young. May I ask how old you are?

🙂 You're flattering me. I'm 80 years old. I'm visiting my son who lives here with his American wife.

🙂 Do you want to move here to live with them?

🙂 I enjoy visiting them, but I couldn't imagine living here. Life here is so different from life in Japan.

5

広げる

日本語訳

🙂 ご出身はどちらか、お聞きしてもいいですか?

🙂 日本出身です。

🙂 日本のどこに住んでいますか?

🙂 香川です。香川はうどんで有名なんです。

🙂 とても若く見えますね。年齢をお伺いしてもいいですか?

🙂 お世辞がお上手ですね。80歳です。ここにアメリカ人の妻と一緒に住んでいる息子を訪ねているんです。

🙂 ここに引っ越して一緒に住みたいと思いますか?

🙂 訪れるのは楽しいけど、ここで生活するのは想像できません。ここでの生活は、日本での生活とあまりに違います。

相手に楽しく話をさせる①

What is your favorite ～ ?
（あなたの好きな～は何ですか?）

自分の「推し」の話は楽しいですよね。この質問1つで相手が
一気に話し出すかもしれませんよ。

「一番」という意味が含まれる favorite

今回のフレーズは、**What is your favorite Japanese food?**「あなたの好きな日本食は何ですか?」のように使えます。

「人」に対して使うときは、**What** を **Who** にして、**Who is your favorite ～ ?**「あなたの好きな～は誰ですか?」とします。たとえば、**Who is your favorite actor?**「推しの俳優は?」となります。

返答には（質問が **What** でも **Who** でも）、**My favorite ～ is ….** とすれば **OK** です。

ちなみに、この favorite という単語ですが、本当は「一番好きな」という意味なんです。つまり、この単語の中にはすでに「一番」という最上級の意味が含まれているので、間違っても、×) most favorite のような使い方はしません。**favorite** は「一番好きな・一番のお気に入り」と覚えておくといいでしょう。

その他のフレーズ解説

● **What do you like to do in your free time?**

（趣味は何ですか?／空いている時間に何をするのが好きですか?）

※146ページ What do you do in your free time?と同じように使います。

● **What are you interested in?**（あなたは何に興味がありますか?）

対話030 　最近仲良くなった友だちとの会話

😊 **自分** What do you like to do in your free time?

🙂 **相手** I like listening to music.

😊 **自分** Oh, what kind of music?

🙂 **相手** I like Western pop music.

😊 **自分** I see. Who is your favorite **singer**?

🙂 **相手** Let me see. My favorite **singer** is Bruno Mars.

😊 **自分** Really? I like him, too.

🙂 **相手** That's cool. What is your favorite **Bruno Mars' song**?

😊 **自分** My favorite **song** is "Just the Way You Are".

🙂 **相手** Oh, I like that song, too. Let's go to karaoke together sometime.

😊 **自分** Sure, why not?

5

広げる

日本語訳

😊 趣味は何ですか？

🙂 音楽を聴くのが好きです。

😊 え、どんな音楽を？

🙂 欧米のポップミュージックが好きです。

😊 そうなんですね。あなたの好きな**歌手**は誰ですか？

🙂 そうですね。私のお気に入りの**歌手**はブルーノ・マーズです。

😊 本当？　私も彼が好きなんです。

🙂 そうなんですね。あなたの好きな**ブルーノ・マーズの曲**は何ですか？

😊 私の好きな**曲**は "Just the Way You Are" です。

🙂 おお、私もその曲が好きです。今度一緒にカラオケに行きましょう。

😊 もちろん、喜んで。

相手に楽しく話をさせる②

What are you into these days?
（最近何にハマってるの?）

ハマっていることに関しては、相手もたくさん話したいはずです。それを聞き出すときに使うのが into です。会話で使う割に、あまり知られていないこのフレーズをしっかりマスターしていきましょう。

「ハマる」感覚の into

into という前置詞は「～の中に入っていく」という意味です。
「興味の対象に、心が入っていく」→「興味がある・夢中だ」となりました。**I'm into ～**「～にハマっています」はまさに「ハマる」という日本語にピッタリです。

これを疑問文にしたのが、**What are you into?**「あなたは何にハマっているの?」です（into の後ろにあったものが what になって文頭に出たイメージ）。これに **these days**「最近」をくっつけると、今回の見出しのフレーズになります（決して、into these days というカタマリではありません）。

その他のフレーズ解説

● **How often do you ～?**（どのくらいの頻度で～?）
　※ハマり具合を詳しく聞くフレーズです。

● **What ～ do you like the best?**（一番好きな～は何ですか?）
　※季節など選択肢が限られている場合は、whatではなくwhichを使います。

61

対話031 友だちとの会話

😊 自分 What are you into these days?

😊 相手 I'm into **cooking**.

😊 自分 That's good. How often do you **cook**?

😊 相手 Well, I cook three or four times a week.

😊 自分 I see. What do you cook?

😊 相手 I like cooking Japanese food.

😊 自分 Cool. What **Japanese food** do you like the best?

😊 相手 My favorite Japanese food is tempura.

😊 自分 I like it, too.

5
広げる

日本語訳

😊 最近何にハマってるの？

😊 料理にハマってるよ。

😊 いいね。どのくらいの頻度で料理するの？

😊 ええと、週に 3、4 回料理だね。

😊 なるほど。何を作るの？

😊 日本食を作るのが好きだよ。

😊 いいね。一番好きな日本食は何？

😊 一番好きな日本食は天ぷらだね。

😊 私も好きだよ。

155

> # What kind of 〜 do you like?
> （どんな〜が好きですか?）

相手が「音楽を聴くのが好きです」と言ったとき、さらに相手に質問して会話を深めるときは、What kind of music do you like?「どんな音楽が好きですか?」と聞くと会話が続きますよ。

相手の趣味につっこむ

　今回のフレーズは趣味の話を広げるときに重宝しますが、他にも、単純に食事をする場合に、**What kind of food do you like?**「どんな食べ物が好きですか?」と聞くこともできます。kind は「種類」という意味なので、直訳は「どんな種類の〜が、あなたは好きですか?」となります。

　また、以下の2つのフレーズですが、better（もしくは more）を付ける必要があります。別に better がなくても（テストでは減点ですが）実際の会話では than があるので意図は確実に伝わりますが、よく使うので自然で正しい英語を使えるようになるとカッコいいですよ。

その他のフレーズ解説

● **Which do you like better, 〜 or …?**
　（〜と…ではどちらのほうが好きですか?）

● **I like 〜 better than ….**（…より〜のほうが好きです。）

62

対話032　友だちと音楽についての会話

自分 **I noticed you always listen to music on your phone.** What kind of **music** do you like?

相手 **It really depends on my mood. But I like all kinds of music.**

自分 **Hmm,** which do you like better, **classical** or **jazz**?

相手 I like **classical** better than **jazz. Actually I've been playing the violin since I was five.**

自分 **Do you still play the violin?**

相手 **Yeah. I play in a community orchestra. We've got a concert coming up next month. I'd love it if you came.**

5
広げる

日本語訳

いつもスマホで音楽を聴いてるよね。どんな**音楽**が好きなの？

気分によるね。でもどんな音楽でも好きだよ。

んー… クラシックとジャズではどちらのほうが好き？

ジャズよりクラシックが好きだね。実は5歳のときから、バイオリンを弾いているんだ。

今でもバイオリンを弾いているの？

そうだよ。地域のオーケストラで演奏してるよ。来月にはコンサートがあるんだ。来てくれると、とても嬉しいよ。

真意をたずねる

What do you mean?
（どういう意味?）

文字通りには聞き取れているものの、「相手の意図・要点・真意」などがわからないときに使います。

mean は役立つ!

今回の What do you mean? や、That's not what I meant.「そういう意図ではないよ」という英文の中に出てくる mean という動詞は英会話で本当に重宝します。補足したり言い直したりするときにも I mean が使えるのでしたね（118 ページ）。

相手の意図を確認して、誤解のないように話を進めていかないと、途中からお互いが何を言っているかわからなくなりますし、それがビジネスだと大きな損失を生む可能性もあります。

我々日本人の感覚で「ちょっとしつこいかな」と確認するくらいでも、英会話ではちょうどいいということもよくあるので、今回の表現をぜひ使えるようになってください。

その他のフレーズ解説

● **Are you saying that ～?**（～ってこと?）
　※相手が言っていることを確認するときのフレーズですが、強く言うと「～だと言っているの!」と抗議になってしまうので、笑顔でソフトに使いましょう。

● **That's not what ～.**（それは～ではありません。）

対話033 友だちから連絡が来たとき

😊 自分 Hello, Bill! What's going on?

😊 相手 I thought you were joining us.

😊 自分 What do you mean?

😊 相手 The dinner, remember?

😊 自分 Are you saying that it's tonight?

😊 相手 Yes. It's tonight.

😊 自分 That's not what I heard. I thought it was next week.

😊 相手 Nope. It's tonight. In fact, Tim, Ela, and Joseph are already here.

😊 自分 Hmm, that's weird. That's not what it says in my calendar.

😊 相手 If you hurry up, we can wait for you.

😊 自分 Okay, I can make it in thirty minutes. Sorry for making you wait.

日本語訳

😊 もしもし、ビル。どうしたの？
😊 来ると思ってたんだけど。
😊 どういうこと？
😊 夕食だよ。覚えてる？
😊 今夜ってこと？
😊 そうだよ。今夜だよ。
😊 私が聞いたのと違うな。来週だと思ってた。
😊 いや、今晩だよ。実際にティムとエラ、ジョセフはもうここにいるよ。
😊 ん〜、変だな。予定に書いてあるものと違うんだよなあ。
😊 急いで来るなら、待つよ。
😊 わかった、30分後には着くと思う。待たせちゃってごめんね。

レストランで話を広げる

What does it taste like?
(それってどんな味?)

英会話の本で必ず出てくるのが、What do you recommend? / What's your recommendation?「オススメ料理は何ですか?」ですが、そこで知らない料理をオススメされたときに使えるのが今回のフレーズです。

レストランでも会話のチャンス

レストランでオススメ料理を聞いたとき、ステーキなど知っているものなら問題ないのですが、その地域特有の料理や、日本のものとは違った感じのものの場合、このフレーズが役立ちます。

僕の場合、スイスに行ったときチーズフォンデュが16種類くらいあって適当に頼もうとしたら店員から「かなり強い(クセが強い)のもある」と聞いて、そのときは英語で事細かに味を聞いたことがあります。

その他のフレーズ解説

● It tastes like+ 名詞 .(それは〜のような味がします。)
　　※tasteの直後に名詞は置けないので前置詞like「〜のような」をつけます。

● It tastes+ 形容詞 .(それは〜の味がします。)
　　※tasteの直後に形容詞を置く用法です。

対話 034 友 だ ち と レ ス ト ラ ン に て

自分 What did you order?

相手 I ordered borscht.

自分 What does it taste like?

相手 It tastes like minestrone. Have some. You'll like it.

自分 Sure. Try this Russian beer.

相手 What does it taste like?

自分 It tastes sweet.

相手 Yeah, it does. But it's too strong.

5
広げる

日本語訳

何を注文したの？

ボルシチを注文したよ。

それってどんな味がするの？

ミネストローネのような味がするね。ちょっと食べてみて。気に入るよ。

うん。このロシアのビールも飲んでみて。

どんな味なの？

甘い味がするよ。

うん、本当だ。でも、強すぎだな。

Column4

日本固有のものを紹介するときのコツ

　香川県の説明として、It's famous for udon noodles.「うどんで有名なんです」という文が出てきましたね（151 ページ「情報を追加する」の項目）。この udon noodles という言い方は学校でも習いませんし受験勉強でも出てこないので、ここで説明します。

　日本にしかないものは当然、英語にはできません。sushi「寿司」とか saki「酒」なら有名なので通じることもありますが、当然、通じないもののほうが圧倒的に多いです（ちなみに saki「酒」は日本酒のことで、「サキィ」という発音になります）。

　そういうときは、udon noodles のように〝日本語そのまま + 英語でのカテゴリー〟の組み合わせを使うと、かなりこなれた感じになります。udon noodles なら「うどんという麺類」という感じです。他にも以下の表現は日本紹介で頻繁に使われます。

蕎麦　　　→　soba noodles
しいたけ　→　shiitake mushrooms
畳　　　　→　tatami mats

Shiitake mushrooms are great in tempura and sukiyaki.
しいたけは天ぷらやすき焼きに入れるとすごくおいしいですよ。

　このように、「その単語のカテゴリーを表す英単語」を付け加える方法はとても便利で、何より、相手にわかりやすくなり「通じる」のです。もちろん、通訳案内士の試験などでもそのまま使えますよ。

116 Ⓐ 明日の役員会でプレゼンをするんだ。
もう結構緊張してきてる。

I'm giving a presentation to the board tomorrow. I'm already getting pretty nervous.

Ⓑ きっとすべてうまくいくよ。

Everything is (　　　　　　).

116
to の後の動詞の原形を忘れないように注意してください。

117 Ⓐ はじめまして、ナガノさん。

(　　　　　), Ms. Nagano.

Ⓑ こちらこそはじめまして、ホンマさん。

Nice to meet you, too, Mr. Homma.

117
Ⓑのセリフが大きなヒントになります。

5

広げる

118 Ⓐ 時間があるときは何をしていますか?

(　　　　　) in your free time?

Ⓑ 時間があるときは、音楽を聴いたりインターネットをしたりします。

In my free time, I listen to music and surf the Internet.

118
疑問文なので、語順に注意してください。

119 Ⓐ 今までにアメリカに行ったことはありますか?

(　　　　) been to the U.S. ?

Ⓑ はい、あります。昨年の4月にアメリカへ行ってきました。

Yes, I have. I went to the U.S. last April.

119
「今まで」には e で始まる単語を使います。

こたえ

116Ⓐ 明日の役員会でプレゼンをするんだ。もう結構緊張してきてる。

I'm giving a presentation to the board tomorrow. I'm already getting pretty nervous.

Ⓑ きっとすべてうまくいくよ。

Everything is going to be all right.

Everything is going to be okay. のように、okay も使えます（意味は同じ）。

▶フレーズ 25

117Ⓐ はじめまして、ナガノさん。

Nice to meet you, Ms. Nagano.

Ⓑ こちらこそはじめまして、ホンマさん。

Nice to meet you, too, Mr. Homma.

「お互いに名前を呼んでいる」ところが英語らしい会話です。こういったことまでできるとかなり英語らしい会話になります。　▶フレーズ 26

118Ⓐ 時間があるときは何をしていますか？

What do you do in your free time?

Ⓑ 時間があるときは、音楽を聴いたりインターネットをしたりします。

In my free time, I listen to music and surf the Internet.

What do you like to do in ～? でも OK です。in your free time の in と your はくっつけて「インニュア」とするとより自然に聞こえます。　▶フレーズ 27

119Ⓐ 今までにアメリカに行ったことはありますか？

Have you ever been to the U.S.?

Ⓑ はい、あります。昨年の 4 月にアメリカへ行ってきました。

Yes, I have. I went to the U.S. last April.

Have you をくっつけて「ハヴュ」とするとより自然に聞こえます。　▶フレーズ 28

164

120 Ⓐ 年齢をお伺いしてもいいですか?

　　May I ask (　　　　　)?

　Ⓑ 17歳です。誰にも言わないでね、いい?

　　(　　) 17 (　　　).
　　Don't tell anyone else, okay?

---

121 Ⓐ あなたは何に興味がありますか?

　　(　　　　) interested in?

　Ⓑ ダンスに興味があります。
　　特にヒップホップを試してみたいです。

　　I'm interested in dancing.
　　I'd especially like to try hip hop.

---

122 Ⓐ 最近何にハマってるの?

　　(　　　　　) these days?

　Ⓑ アメリカのコメディドラマにハマっています。

　　(　　　) American sitcoms.

---

123 Ⓐ 音楽を聴くのが大好きです。

　　I love listening to music.

　Ⓑ どんな音楽が好きですか?

　　(　　　　) music (　　　)?

120Ⓐ 年齢をお伺いしてもいいですか？

May I ask how old you are**?**

Ⓑ 17 歳です。誰にも言わないでね、いい？

I'm 17 years old. **Don't tell anyone else, okay?**

文の途中（間接疑問文と言います）では、普通の語順で how old you are です（うっかり how old are you と言っても 100％伝わるので心配不要ですが）。 ▶フレーズ 29

121Ⓐ あなたは何に**興味**がありますか？

What are you **interested in?**

Ⓑ ダンスに興味があります。特にヒップホップを試してみたいです。

**I'm interested in dancing.
I'd especially like to try hip hop.**

興味（ここでは dancing）のジャンルが広い場合、I'd especially like to try ... で具体的に説明するのがいいでしょう。 ▶フレーズ 30

122Ⓐ 最近何にハマってるの？

What are you into **these days?**

Ⓑ アメリカのコメディドラマにハマっています。

I'm into American sitcoms.

drama は「芝居」などの意味で使われることが多く、いわゆる「テレビドラマ」は sitcoms・TV series などを使います。 ▶フレーズ 31

123Ⓐ 音楽を聴くのが大好きです。

I love listening to music.

Ⓑ どんな**音楽**が好きですか？

What kind of **music** do you like**?**

Ⓑの質問には、I like J-Pop [K-Pop/80's music/Vocaloid].「私は J ポップ [K ポップ／ 80 年代の音楽／ボーカロイド] が好きです」のように答えます。 ▶フレーズ 32

124 Ⓐ 1ドルのほうが100ドルよりも価値があるときが
あるよね。

Sometimes $1 is worth more than $100.

Ⓑ どういうこと?

(▢▢▢▢)?

---

125 Ⓐ このタマリンドキャンディーを食べてみて。

You should try this tamarind candy.

Ⓑ どんな味がするの?

(▢) does it (▢▢)?

5

広げる

---

126 Ⓐ 昇進の話が来たんだけど、海外に転勤になるか
ら断ったんだ。

I got offered a promotion, but I declined because it would mean I would be transferred overseas.

Ⓑ なんで? 僕が君の立場だったら絶対引き受けるよ。

Why? (▢▢) in your shoes, I would definitely accept it.

124 Ⓐ 1 ドルのほうが 100 ドルよりも価値があるときがあるよね。

Sometimes $1 is worth more than $100.

Ⓑ どういうこと？

What do you mean?

What do you mean by that? と、by that「それによって」をつけることもあります。

▶フレーズ 33

---

125 Ⓐ このタマリンドキャンディーを食べてみて。

You should try this tamarind candy.

Ⓑ どんな味がするの？

What does it taste like?

この like は動詞「好き」ではなく、前置詞「〜のような」です。　▶フレーズ 34

---

126 Ⓐ 昇進の話が来たんだけど、海外に転勤になるから断ったんだ。

I got offered a promotion, but I declined because it would mean I would be transferred overseas.

Ⓑ なんで？　僕が君の立場だったら絶対引き受けるよ。

Why? If I were in your shoes, I would definitely accept it.

よりシンプルに If I were you, I would 〜と言うこともできます。　▶フレーズ 25

127 Ⓐ はじめまして。私の名前はエマです。

Nice to meet you. My name is Emma.

Ⓑ 素敵な名前ですね。こちらこそはじめまして。
私の名前はヨシトです。ヨシと呼んでください。

**That's a nice name.
(　　　　　). My name is
Yoshito. Please call me Yoshi.**

127
最後に「こちらこそ」の
役目をする単語をつけ
忘れないようにしま
しょう。

128 Ⓐ 週末に何をするのが好きですか?

**What do you like to do on the
weekends?**

Ⓑ えーっとねぇ。ヨガをするのが好きです。

Let me see. I (　　　) yoga.

128
-ingの形を使って答え
てみましょう。

5

広げる

129 Ⓐ 今までに結婚式に行ったことはありますか?

Have you (　　　　) a wedding?

Ⓑ はい、あります。
何度も結婚式に行ったことがあります。

**Yes, I have. I have been to many
weddings.**

129
「今まで」にはeで始ま
る単語を使います。

130 Ⓐ 実はあなたに興味があります。

Actually, I'm (　　　　　) you.

Ⓑ えっ、ありがとう。何て言ったらいいだろう。

Wow, thanks. I don't know what to say.

130
-edの形にすることに
注意してください。

127 Ⓐ はじめまして。私の名前はエマです。

Nice to meet you. My name is Emma.

Ⓑ 素敵な名前ですね。こちらこそはじめまして。私の名前はヨシトです。ヨシと呼んでください。

That's a nice name. Nice to meet you, too. My name is Yoshito. Please call me Yoshi.

相手に What should I call you? と言われなくても、自分からニックネームを伝えて OK です。 ▶フレーズ 26

---

128 Ⓐ 週末に何をするのが好きですか?

What do you like to do on the weekends?

Ⓑ えーっとねぇ。ヨガをするのが好きです。

Let me see. I like doing yoga.

do yoga で「ヨガをする」です。 ▶フレーズ 27

---

129 Ⓐ 今までに結婚式に行ったことはありますか?

Have you ever been to a wedding?

Ⓑ はい、あります。何度も結婚式に行ったことがあります。

Yes, I have. I have been to many weddings.

wedding 以外に concert「コンサート」なども会話で使えそうですね。 ▶フレーズ 28

---

130 Ⓐ 実はあなたに興味があります。

Actually, I'm interested in you.

Ⓑ えっ、ありがとう。何て言ったらいいだろう。

Wow, thanks. I don't know what to say.

さりげない告白になっています。要は「あなたが好きです」という意図です。 ▶フレーズ 30

131 Ⓐ 最近何にハマってるの？

What are you into these days?

Ⓑ アメリカの映画にハマっています。リスニングスキルを伸ばそうと思っているところです。

(   ) watching American movies. I'm trying to improve my listening skills.

---

132 Ⓐ この車についてどう思いますか？

What do you think about this car?

Ⓑ あの車よりもこの車のほうが好きです。

(   ) this car (   ) that one.

5

広げる

---

133 Ⓐ 私と一緒に行きたくないってこと？

Are you saying that you don't want to go with me?

Ⓑ そういうことじゃないよ。

(   ) I meant.

---

134 Ⓐ ドラゴンフルーツってどんな味がするの？

What does a dragon fruit taste like?

Ⓑ キウイの味に似ているよ。

It (   ) a kiwi.

こたえ

131Ⓐ 最近何にハマってるの？

What are you into these days?

Ⓑ アメリカの映画にハマっています。リスニングスキルを伸ばそうと思っているところです。

I'm into watching American movies.
I'm trying to improve my listening skills.

答えた後に、今回のように「なぜハマっているか」を説明してもいいでしょう。

▶フレーズ 31

132Ⓐ この車についてどう思いますか？

What do you think about this car?

Ⓑ あの車よりもこの車のほうが好きです。

I like this car better than that one.

better の代わりに more を使うこともできます。　　　　▶フレーズ 32

133Ⓐ 私と一緒に行きたくないってこと？

Are you saying that you don't want to go with me?

Ⓑ そういうことじゃないよ。

That's not what I meant.

相手が自分の言ったことを勘違いしてるとわかったときに使うフレーズです。

▶フレーズ 33

134Ⓐ ドラゴンフルーツってどんな味がするの？

What does a dragon fruit taste like?

Ⓑ キウイの味に似ているよ。

It tastes like a kiwi.

It tastes は「イッ・テイスツ」のように、It の t の音を飲み込むように発音するとより自然に聞こえます。

172　　　　▶フレーズ 34

135 Ⓐ 土曜日の夜は暇？　映画を見に行こうよ。

Are you free Saturday night?
Let's go out to a movie.

Ⓑ ちょっと言いにくいんだけど、すでにアンドリューと予定があるんだ。

(　　　　) you this, but I've
already made plans with Andrew.

---

136 Ⓐ 何て呼べばよろしいですか？

What should I call you?

Ⓑ ファチと呼んでください。

(　　　　) Fachi.

5

広げる

---

137 Ⓐ 図書館ですごい時間過ごしていますよね。

You spend so much time in
the library.

Ⓑ はい。本を読むのが好きなんです。

Yes. I (　　　) books.

---

138 Ⓐ 今までに外国へ行ったことがありますか？

Have you ever been to a
foreign country?

Ⓑ はい、イタリアに行ったことがあります。
とても楽しかったです。

Yes, I have (　) Italy. It was
very exciting.

135Ⓐ 土曜日の夜は暇？　映画を見に行こうよ。

Are you free Saturday night? Let's go out to a movie.

Ⓑ ちょっと言いにくいんだけど、すでにアンドリューと予定があるんだ。

I hate to tell you this, but I've already made plans with Andrew.

hate to では、hate の te は次の to に重なる感じで「ヘイッ・トゥ」とするときれいに聞こえます。　▶フレーズ 25

136Ⓐ 何て呼べばよろしいですか？

What should I call you?

Ⓑ ファチと呼んでください。

Please call me Fachi.

他にも、What do you want me to call you?「何と呼ばれたい？」と聞かれた場合も、Please call me 〜 . と答えられます。　▶フレーズ 26

137Ⓐ 図書館ですごい時間過ごしていますよね。

You spend so much time in the library.

Ⓑ はい。本を読むのが好きなんです。

Yes. I like reading books.

「複数の本」を読むので、books となっています。　▶フレーズ 27

138Ⓐ 今までに外国へ行ったことがありますか？

Have you ever been to a foreign country?

Ⓑ はい、イタリアに行ったことがあります。とても楽しかったです。

Yes, I have been to Italy. It was very exciting.

It was very exciting. のように、ひとこと感想をつけるとより自然な会話になります。　▶フレーズ 28

139 Ⓐ 北海道は何で有名ですか？

What is Hokkaido famous for?

Ⓑ 北海道は雪祭りで有名ですよ。

It's (　　　) its snow festival.

140 Ⓐ あなたの好きな俳優さんは誰ですか？

(　　) your favorite actor?

Ⓑ 私の好きな俳優さんはジョニー・デップです。彼の映画は全部好きです。

My favorite actor is Johnny Depp. I like all of his movies.

5

広げる

141 Ⓐ どのくらい野球をしますか？

(　　　) do you play baseball?

Ⓑ 毎週水曜日と土曜日の夕方に野球をしてますよ。

We play every Wednesday and Saturday evening.

142 Ⓐ 緑と青どちらのほうが好きですか？

(　　) do you like (　　　), green or blue?

Ⓑ 青のほうが好きです。

I prefer blue.

<u>こたえ</u>

139Ⓐ　北海道は何で有名ですか？

What is Hokkaido famous for?

Ⓑ　北海道は雪祭りで有名ですよ。

It's famous for its snow festival.

famous for の後は its「それの（その場所の）」で続けることも多いです。

▶フレーズ 29

140Ⓐ　あなたの好きな俳優さんは誰ですか？

Who is your favorite actor?

Ⓑ　私の好きな俳優さんはジョニー・デップです。彼の映画は全部好きです。

My favorite actor is Johnny Depp. I like all of his movies.

俳優を答えた後に、今回の I like all of his movies. のように何か補足をつけるといいでしょう。

▶フレーズ 30

141Ⓐ　どのくらい野球をしますか？

How often do you play baseball?

Ⓑ　毎週水曜日と土曜日の夕方に野球をしてますよ。

We play every Wednesday and Saturday evening.

How often はよく使う割にパッと出てこない人が多いので、特にしっかりチェックしておきましょう。

▶フレーズ 31

142Ⓐ　緑と青どちらのほうが好きですか？

Which do you like better, green or blue?

Ⓑ　青のほうが好きです。

I prefer blue.

もし選べない場合は、Mmm ... I like both. のように言えます。

▶フレーズ 32

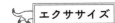

143 Ⓐ アンジェラはとても優しくて可愛いよね。

Angela is very nice and pretty.

Ⓑ 彼女のことが好きってこと?

(　　　　) you like her?

---

144 Ⓐ 何を食べているのですか?

What are you eating?

Ⓑ パッションフルーツです。

I'm eating a passion fruit.

Ⓐ それはどんな味に似ていますか?

(　) does it (　　)?

5

広げる

---

145 Ⓐ 就活が全然うまく行かない。また不採用通知が来たよ。

My job search isn't going well at all. I just received another rejection letter.

Ⓑ 希望を失っちゃダメだよ。この世の終わりじゃないんだし。すぐに仕事が見つかるよ。

Don't lose hope. It's not (　　 　　). You'll find a job soon.

72

<u>こたえ</u>

143Ⓐ アンジェラはとても優しくて可愛いよね。

Angela is very nice and pretty.

Ⓑ 彼女のことが好きってこと？

Are you saying that you like her?

相手の発言の意図を確認するときに使うフレーズです。　　　▶フレーズ 33

144Ⓐ 何を食べているのですか？

What are you eating?

Ⓑ パッションフルーツです。

I'm eating a passion fruit.

Ⓐ それはどんな味に似ていますか？

What does it taste like?

もし味をうまく表現できない場合は、I'm not sure how to describe it.「どう説明すればいいのかわからないよ」のように言えます。　　　▶フレーズ 34

145Ⓐ 就活が全然うまく行かない。また不採用通知が来たよ。

My job search isn't going well at all. I just received another rejection letter.

Ⓑ 希望を失っちゃダメだよ。この世の終わりじゃないんだし。すぐに仕事が見つかるよ。

Don't lose hope. It's not the end of the world. You'll find a job soon.

end of はくっつけて「エンダヴ」のように発音すると、英語らしくなります。
　　　▶フレーズ 25

146 Ⓐ 今までに日本へ行ったことがありますか？

Have you ever been to Japan?

Ⓑ いえ、一度も日本へ行ったことがありませんが、いつか行きたいと思ってます。

**No, I have (　　　　　) Japan,
but I'd like to go sometime.**

146
notでもいいのですが、別の単語を使ってみてください。

147 Ⓐ あなたの好きな曲は何ですか？

(　　) your favorite song?

Ⓑ 私の好きな曲はジェイソン・ムラーズで "I'm Yours" です。知ってますか？

**My favorite song is "I'm Yours"
by Jason Mraz. Do you know it?**

147
動詞を忘れないようにしましょう。

5

広げる

148 Ⓐ 私たちの家よりこの家のほうが好きだな。

(　　) this house (　　　) our house.

Ⓑ そうは思わないな。私たちの家のほうが好きだよ。

**I don't agree.
I like our house better.**

148
主語を忘れずにつけましょう。

146Ⓐ 今までに日本へ行ったことがありますか？

Have you ever been to Japan?

Ⓑ いえ、一度も日本へ行ったことがありませんが、いつか行きたいと思ってます。

No, I have never been to Japan, but I'd like to go sometime.

but I'd like to go sometime のように願望を付け足すのもいいでしょう。I have は会話では I've となることが多いです。　　　　　　　　　　　▶フレーズ 28

147Ⓐ あなたの好きな曲は何ですか？

What is your favorite song?

Ⓑ 私の好きな曲はジェイソン・ムラーズで "I'm Yours" です。知ってますか？

My favorite song is "I'm Yours" by Jason Mraz. Do you know it?

質問に答えた後に、補足情報がなければ、Do you know it? のように質問をするのもいいでしょう。　　　　　　　　　　　　　　　　　　▶フレーズ 30

148Ⓐ 私たちの家よりこの家のほうが好きだな。

I like this house better than our house.

Ⓑ そうは思わないな。私たちの家のほうが好きだよ。

I don't agree. I like our house better.

相手に賛成するときは Me too. などと言えます。　　　　　　　▶フレーズ 32

149 Ⓐ 私が間違ってるってこと?

(⬜⬜⬜) that I'm wrong?

Ⓑ そういうことじゃないよ。

That's not what I meant.

149
「間違ってるってこと?」→「間違ってるって言ってるの?」と考えてください。

150 Ⓐ 蛙の脚ってどんな味ですか?

What do frog's legs taste like?

Ⓑ 鶏肉の味に似ているよ。

(⬜⬜⬜) chicken.

150
legs は複数なので、それを受ける代名詞で始めてください。

5

広げる

151 Ⓐ 他のオフィスに配属になったんだ。家からの運転時間が長くなるよ。

I've been transferred to another office. It's a long drive from my house.

Ⓑ もし私があなたの立場だったら、電車に乗るね。そっちのほうが楽だから。

If I were (⬜⬜⬜), I would take the train. It's less stressful.

151
「立場」は「靴」という単語です。

152 Ⓐ お仕事は何ですか?

What do you do?

Ⓑ 私は会計士です。

(⬜⬜) accountant.

152
accountant が a で始まることに注意してください。

74

こたえ

149Ⓐ 私が間違ってるってこと？

Are you saying that I'm wrong?

Ⓑ そういうことじゃないよ。

That's not what I meant.

声のトーンによっては、いらだっているように聞こえてしまうかもしれないので、気
をつけましょう。 ▶フレーズ 33

150Ⓐ 蛙の脚ってどんな味ですか？

What do frog's legs taste like?

Ⓑ 鶏肉の味に似ているよ。

They taste like chicken.

chicken は「鶏肉」という意味では a はつけません。「おいしいかどうか」だけを
聞きたい場合は、Do frog's legs taste good? です。 ▶フレーズ 34

151Ⓐ 他のオフィスに配属になったんだ。家からの運転時間が長くなるよ。

**I've been transferred to another office.
It's a long drive from my house.**

Ⓑ もし私があなたの立場だったら、電車に乗るね。そっちのほうが楽
だから。

**If I were in your shoes, I would take the
train. It's less stressful.**

in your はくっつけて「インニュア」とするとより自然になります。 ▶フレーズ 25

152Ⓐ お仕事は何ですか？

What do you do?

Ⓑ 私は会計士です。

I'm an accountant.

an と accountant をくっつけて「アナカウンタント」と発音するとより自然な英語
に聞こえます。 ▶フレーズ 26

153 Ⓐ 今までルーブル美術館へ行ったことがあります
か?

**Have you ever been to the
Louvre Museum?**

Ⓑ いえ、ルーブルへは一度も行ったことがありません。

**No, I (　　　) been to the
Louvre.**

153
notでもいいのですが、
別の単語を使ってみて
ください。

154 Ⓐ 好きな食べ物は何ですか?

What is your favorite food?

Ⓑ 私の好きな食べ物は春巻きです。あなたは?

**(　　　) food is spring rolls.
And yours?**

154
spring rollsは「春巻
き」です（イギリス英
語）。アメリカ英語で
は egg rollsですが、
springのほうが覚え
やすいかと思います。

5

広げる

155 Ⓐ どんな映画が好きですか?

(　　　) movies (　　　)?

Ⓑ アクション映画が好きです。

I like action movies.

155
「どんな映画」→「どん
な種類の映画」と考え
てください。

156 Ⓐ マイク、この白いシャツを探しているの?

**Mike, are you looking for this
white shirt?**

Ⓑ いや、それは探しているものじゃないよ。

No. (　　　) I'm looking for.

156
「もの」にはwで始まる
単語を使ってみてくだ
さい。

75

こたえ

153Ⓐ 今までルーブル美術館へ行ったことがありますか？

Have you ever been to the Louvre Museum?

Ⓑ いえ、ルーブルへは一度も行ったことがありません。

No, I have never been to the Louvre.

been は「ビーン」より、軽く「ビン」のほうが自然に聞こえます。　▶フレーズ 28

154Ⓐ 好きな食べ物は何ですか？

What is your favorite food?

Ⓑ 私の好きな食べ物は春巻きです。あなたは？

My favorite food is spring rolls. And yours?

最後の And yours? の代わりに、How about you? を使っても OK です。
▶フレーズ 30

155Ⓐ どんな映画が好きですか？

What kind of movies do you like?

Ⓑ アクション映画が好きです。

I like action movies.

Ⓐの質問には、action「アクション」、romance「恋愛」、comedy「コメディ」などといったジャンルを答えます。　▶フレーズ 32

156Ⓐ マイク、この白いシャツを探しているの？

Mike, are you looking for this white shirt?

Ⓑ いや、それは探しているものじゃないよ。

No. That's not what I'm looking for.

what は関係代名詞で「もの・こと」という意味です。No, I'm looking for my glasses. のように、「何を探しているか」を言っても OK です。　▶フレーズ 33

---

157 Ⓐ 今までにドリアンを食べたことはありますか？

Have you ever eaten a durian?

Ⓑ いいえ、ありません。どんな味ですか？

No, I haven't. (　　) does it (　　　) ?

157
「どんな味ですか」→「何の味に似ています か」と考えてください。

---

158 Ⓐ 初めて海外に住むことになったんだ。すごく心配だよ。

It'll be my first time living abroad. I'm quite anxious about it.

Ⓑ きっとすべてがうまくいくよ。君なら大丈夫だよ。

(　　　　　　　) to be all right. You'll be fine.

158
「すべてのこと」という 単語で始めます。

5
広げる

---

159 Ⓐ フィリピン料理のシニガンを食べたことある？

Have you tried the Filipino dish called sinigang?

Ⓑ いや、食べたことないよ。どんな味なの？

No, I haven't. (　　　　　　　) ?

159
「どんな味なの」→「何 の味に似ているの」と 考えてください。

---

160 Ⓐ このビーフシチューの味が好きなんだ。

I like the taste of this beef stew.

Ⓑ 私も。おいしいよね。

Me too. (　　) delicious.

160
delicious は形容詞で す。「〜の味がする」の 意味の動詞を使ってく ださい。

こたえ

◀)) 76

157Ⓐ 今までにドリアンを食べたことはありますか？

Have you ever eaten a durian?

Ⓑ いいえ、ありません。どんな味ですか？

No, I haven't. What does it taste like?

Ⓐの Have you ～? は現在完了形で経験を聞く用法です。「～したことがありますか？」という便利なフレーズです。　　　　　　　　　　　▶フレーズ 34

158Ⓐ 初めて海外に住むことになったんだ。すごく心配だよ。

It'll be my first time living abroad. I'm quite anxious about it.

Ⓑ きっとすべてがうまくいくよ。君なら大丈夫だよ。

Everything is going to be all right. You'll be fine.

going to は gonna（ガナ）と発音されることもよくあります。　　▶フレーズ 25

159Ⓐ フィリピン料理のシニガンを食べたことある？

Have you tried the Filipino dish called sinigang?

Ⓑ いや、食べたことないよ。どんな味なの？

No, I haven't. What does it taste like?

どんな味かではなく、おいしいかどうかを聞きたい場合は、Is it good? と聞きます。　　　　　　　　　　　　　　　　　　　　　　　　　　　▶フレーズ 34

160Ⓐ このビーフシチューの味が好きなんだ。

I like the taste of this beef stew.

Ⓑ 私も。おいしいよね。

Me too. It tastes delicious.

stew「シチュー」の発音は「スティゥ」や「ステュー」という感じです。　　　　　　　　　　　　　　　　　　　　　　　　　　　　　▶フレーズ 34

186

PART 6

助けてもらう

　英会話が苦手な人ほど「1人で背負い込もう」としてしまいがちです。でも英会話は「試験」ではないのです。会話とは「相手とつくりあげていくもの」なので、わからないことは聞いても、手を借りてもいいのです。

　日本語の会話だって、「あれ何だっけ？ ほら、あれ！」といったことは頻繁にありますよね。むしろそれで盛り上がることだってあるでしょう。それは英語でも同じなので、ここでは相手に助けてもらうためのフレーズをマスターしていきます。

つづりを教えてもらう

Could you type it for me?
（タイプしていただけますか？）

オンライン英会話ならもちろんですが、リアルに会っている場面でも、つづりを教えてもらうのは大変有効です。ピンチになったら自分で解決しようとせず、相手の力を借りるのも立派な英会話スキルの1つなんです。

could は「できた」ではない !?

could は最初に「できた」と習いますが、実際の会話で「（過去に）〜することができた」と話すことはそんなに多くないでしょう。

could が一番活躍するのは「仮定法」です。「仮定法」とは「もし〜だったら」という文法ですが、could の中に「もしよろしければ」という仮定の意味が含まれ、その分だけ丁寧になる、ということだけ知っておいてください。Can you 〜 ? ならタメ口感覚で「〜してくれる?」という感じですが、Could you 〜 ? だと「（もしよろしければ）〜してくれますか?」という感じで丁寧になります。

その他のフレーズ解説
● I've got it./I understand.（わかりました。）
● I don't understand.（わかりません。）

対話035　海外の街中で迷った

Excuse me. I'm looking for the King's Head Tavern. Could you tell me how to get there?
(自分)

Sorry. I've heard of it, but I don't know how to get there. Why not just look it up on your phone?
(相手)

I tried, but I don't know how to spell it. Could you type it for me? Here's my phone.
(自分)

Sure. Here you go.
(相手)

Oh! I've got it now. It's really close. Thank you so much.
(自分)

Not at all. I've heard their shepherd's pie is delicious.
(相手)

That's what I'm planning to order.
(自分)

6
助けてもらう

日本語訳

すみません。キングス・ヘッド・タバーンを探しているのですが。行き方を教えていただけますか？

すみません。聞いたことはあるのですが、どうやって行くかは知らないんです。スマホで調べてみてはどうですか？

調べようとしたのですが、つづりがわからないんです。タイプしていただけますか？私のスマホをお渡しします。

もちろん。これがそのつづりです。

あっ、わかりました。とても近いですね。本当にありがとうございました。

いいえいえ。そこのシェパーズパイはとてもおいしいと聞いてますよ。

まさにそれを注文しようと思ってます。

説明してもらう

What's the difference between 〜 ?
(〜の違いは何ですか?)

英単語のニュアンス・文化の違い・日常生活など、英語や文化の疑問を教えてもらうのに便利なフレーズです。英会話のレッスンなら普段の疑問をぶつけてみるのもいいでしょう。

会話中にいろいろと教えてもらおう

英語の世界では二者の違いを「その2つの間にある差」ととらえるので、**the difference** の後には **between** がきます。

between は、between A and B の形で使うことが多いのですが、**What's the difference between these two?**「これら2つの違いは何ですか?」のようにも使えます (たとえばスーパーで似たフルーツがあるときに店員に聞く言い方)。

その他のフレーズ解説

● **ring a bell**（以前に聞いたことがある [見覚えがある]）
　　※His face rings a bell.「彼の顔に見覚えがあるんだよな」、
　　　That name rings a bell.「その名前に聞き覚えがあるんだよな」

● **Let's call it a day[a night].**（今日 [今夜] はここまでにしましょう。）
　　※仕事や授業などを切り上げるときに。

78

対話036　オンライン英会話のレッスン

🧑 **Have you ever heard of "News in Levels"?**

👩 **That** rings a bell.

🧑 **It's a website where you can read short news articles in three different levels of English.**

👩 **That's right. I've visited that website before. Actually, I was reading an article about the Pope, and it said he "arrived in" Canada. But I thought "arrive at" was correct.** What's the difference between **"arrive in"** and **"arrive at"?**

🧑 **Good question! "Arrive in" is used for a big place like a city or a country, while "arrive at" is used for a place you think of as a point, like a train station.**

👩 **That's very easy to understand. Thank you.**

🧑 **Sure. Oh it's already time.** Let's call it a day.

👩 **Okay. Thank you for teaching me.**

6
助けてもらう

日本語訳

🧑 "News in Levels" って知ってます？

👩 聞いたことあるような。

🧑 短い英語のニュース記事を 3 段階の難易度で読むことができるウェブサイトですよ。

👩 そうなんですね。前にそのサイトを見たことがあります。実は、ローマ教皇についての記事を読んでいたら、そこに "arrived in" Canada（カナダに着いた）と書いてあって。でも、私は "arrive at" が正しいと思ったんですけど。"arrive in" と "arrive at" の違いって何ですか？

🧑 いい質問ですね！ "arrive in" は都市や国みたいに大きな場所に使われるのに対して、"arrive at" は駅みたいな「点」のような場所に使われますよ。

👩 すごくわかりやすいです。ありがとうございます。

🧑 いえいえ。あ、もう時間ですね。今日はここまでにしましょう。

👩 はい、教えてくれてありがとうございました。

37 トラブルを伝える①

> ## Something is wrong with ～.
> （～がおかしい。）

海外旅行にはトラブルがつきものです。トラブルが起きたとき、まずは「今、トラブルが起きています」と伝えることが大事で、そのときに重宝する表現です。

まずはトラブルだと伝えよう

Something is wrong with ～ の直訳は「何か（something）がおかしい（is wrong）～について（with）」です。

たとえば海外のホテルで、Something is wrong with the toilet.「なんかトイレがおかしいですが」と使えば OK です。焦って、"Water ..." と始めてしまうと、「水がほしい」と誤解されます。

また、職場や日常会話でも、Something is wrong with the camera.「カメラの調子が悪いんだよなあ」と使えます。

その他のフレーズ解説

● I have a reservation for + 部屋 + for + 泊数.
（部屋 を 泊数 で予約しています。）
※ 部屋 には a single room などが入ります。

● Check out, please.（チェックアウトをお願いします。）

● I left my key in my room.（部屋の中にカギを忘れてしまいました。）

79

対話037 海外旅行中、ホテルのフロントで

🙂 Good afternoon. How can I help you?

😊 Good afternoon. My name is Lynn Jones. I have a reservation for a twin room for two nights.

🙂 Certainly. You're in Room 315 on the third floor. Here's your key. Enjoy your stay.

😊 Thank you.

〔 back at the reception desk〕

😊 Excuse me, um, something is wrong with the toilet. It doesn't flush well.

🙂 I'm sorry about that. I'll send someone to check on it. Just a moment, please. What is your room number?

😊 Thank you. My room number is 315.

6

助けてもらう

日本語訳

😊 こんにちは。いらっしゃいませ。

😊 こんにちは。私の名前はリン・ジョーンズです。ツインルームを2泊で予約しています。

😊 かしこまりました。お部屋は3階の315号室になります。こちらがお部屋のカギになります。ごゆっくりお過ごしください。

😊 ありがとうございます。

〔フロントに戻る〕

😊 すみません、あのトイレがおかしいんですけど。うまく流れないんです。

😊 申し訳ございません。スタッフに調べてもらいますね。少々お待ちください。お部屋は何号室ですか？

😊 ありがとうございます。私の部屋は315号室です。

193

トラブルを伝える②

I can't hear you well.
（よく聞こえません。）

オンライン英会話だけでなく、ビデオ会議やオンラインセミナー・集まりも普通になっている今の時代だからこそ使いこなしたい表現ですね。

トラブルこそ会話の練習を！

ここ数年で、**Zoom** などを普段から使う人も増えたでしょう。トラブルはないに越したことはない…とは言え、旅行でもビジネスでも、もちろん日常会話でもトラブルはつきものです。

その「事前練習」ではありませんが、普段からの軽いトラブルで英語をサッと出せる練習をしておきましょう。

今回はよくある音声に関するものです。I can't hear you well. の well を at all（否定文で「まったく～でない」）にして、I can't hear you at all.「まったく聞こえません」とすることもできます。

自分から問いかけるなら、**Can you hear me?**「聞こえますか?」とか、画面なら、**Can you see me?**「私が見えますか?」なども使えますよ。

その他のフレーズ解説

● **We have a bad connection.**（接続状況が悪いです。）

80

対話038　オンライン英会話の接続トラブル

相手 Good evening! Welcome to hanaso! My name is Chad.

自分 Good evening! My name is Marika.

相手 May I call you Marika?

自分 I'm sorry, but I can't hear you well. Could you say that again?

相手 Oh, I think we have a bad connection right now. Is it okay if I turn off my camera?

自分 No problem.

相手 Can you hear me better now?

自分 Yes, it's okay now.

6

助けてもらう

日本語訳

こんばんは、hanaso へようこそ！　私の名前はチャドです。

こんばんは！　私の名前はマリカです。

マリカって呼んでもよろしいですか？

申し訳ございませんが、あまりよく聞こえません。もう一度言ってくれますか？

あ、今接続状況が悪いと思います。カメラをオフにしてもいいですか？

問題ないですよ。

良くなりましたか？

はい、今は大丈夫です。

39 正してもらう

Is my English correct?
（私の英語は正しいですか？）

自分が英語を話した後に、正しいかを確認する表現です。普段の会話の場をレッスンに変えて、相手に教えてもらえる魔法のフレーズです。

日常会話・旅行先の相手を先生にしてしまおう

Is that the right way to say it? や Did I say that right? とも言えるので、好きなもので OK です。Is my English correct? が一番シンプルなので、これを見出しのフレーズとしました。

海外旅行をすればわかりますが、カフェなど、なんとなくや片言で通じてしまう場面はたくさんあります。でもこの本で英語を学んでいるみなさんは、できるなら次はもっと自然な英語を使いこなしたいと思っているでしょう。ぜひこのフレーズを使って、自分が話した英語や発音が正しいかを相手に教えてもらってください。

その他のフレーズ解説

● It's better to say, 〜.（〜と言うほうがもっと良いですよ。）

● Is my pronunciation correct?（私の発音は正しいですか？）

● You should say, 〜.（〜と言うほうがいいですよ。）

81

対話039　オンライン英会話のレッスン中に

🧑 **My friend gave me some donuts and I took them to home.** Is my English correct?
（自分）

🧑 **Well,** it's better to say, **"I took them home."** I'll type it for you.
（相手）

🧑 Got it. Thank you, Owen. By the way, I have another question.
（自分）

🧑 Go ahead.
（相手）

🧑 **"Darling."** Is my pronunciation correct?
（自分）

🧑 **I can understand you, but "Dahr-ling" is more natural.**
（相手）

🧑 **"Dahr-ling."** Is that right?
（自分）

🧑 Great!
（相手）

日本語訳

🧑 友だちからドーナツをもらって、家に持って帰りました。私の英語は正しいですか？

🧑 そうですね、"I took them home" と言ったほうが良いですよ。タイプしますね。

🧑 わかりました。ありがとうございます、オーウェンさん。ところで、もう 1 つ質問があるのですが。

🧑 どうぞ。

🧑 "Darling" 私の発音は正しいですか？

🧑 大丈夫ですが、"Dahr-ling" と言うほうが自然ですよ。

🧑 "Dahr-ling" 正しいですか？

🧑 とても良いです！

意味を教えてもらう

What does 〜 mean?
（〜の意味は何ですか?）

「会話とはコミュニケーション」ですから、わからないことがあれば、それも教えてもらえばいいのです。 これも立派なコミュニケーションなので、ぜひ今回のフレーズを使いこなしてください。

わからない単語をその場で学ぶ

What does 〜 mean? の "〜" の部分は主語になります。ここに「相手が言った、でも自分にはわからない単語」を入れて使えばOKです。

たとえば相手が言った "significant" という単語がわからなかったとしましょう。これが普通の疑問文なら、Does "significant" mean A?「significant とは A という意味ですか?」となります。

ここから A が what になって文頭に出れば見出しの英文が完成して、What does "significant" mean?「significant とはどういう意味ですか?」となります。

その他のフレーズ解説
● **May I ask you a question?**（質問してもいいですか?）
● **How do you spell 〜?**（〜はどんなつづりですか?）
　※spellは「つづる」という動詞です。
● **I have a question.**（質問があります。）

対話040 会話の中で相手がso farを使った場面

自分 May I ask you a question?

相手 Sure.

自分 Did you say "sofa"?

相手 Oh, I didn't say sofa. I said "so far."

自分 What does "so far" mean?

相手 It means up until now.

自分 I see. Now I understand. And how do you spell it?

相手 It's spelled s-o for "so" and f-a-r for "far." Do you have any other questions?

自分 That's all.

6

助けてもらう

質問してもいいですか?

もちろんです。

"sofa" って言いましたか?

あ、ソファではなくて、"so far" と言ったんです。

"so far" の意味は何ですか?

「今のところ」という意味ですよ。

なるほど、わかりました。 それで、それはどんなつづりですか?

スペルは s-o で "so"、そして f-a-r で "far" です。 他に質問はありますか?

大丈夫です。

「初めて」だと伝える

This is my first time -ing.
（〜するのはこれが初めてです。）

海外に行けば、初めてのことだらけです。そんなときに1人で焦って周りをキョロキョロするより、こう言ってしまえば会話が始まりますし、何より、きちんと教えてもらえますよ。

みんなが助けてくれる

日本の観光地でも、仕組み・システムがわからないのに受付で「どのコースにしますか?」と言われて焦ることはありませんか?

海外ではそんな場面でこのセリフを使ってしまいましょう。スタッフだけでなく、横にいるお客さんが教えてくれることも多々あります。それをきっかけに、旅行者同士、一緒に話をしながら楽しむ、なんてことも起きるかもしれません。ちなみに、**This is the first time +** 主語 **+have+** 過去分詞 「〜したのはこれが初めてです」という言い方もあります。

ただし、海外のタクシーで、**This is my first time visiting +** 国名 .「〜を訪れるのはこれが初めてです」とは言わないほうがいいでしょう。ぼったくりのターゲットにされる可能性があるからです（タクシーでは「何度も来てる」とか「私は警察官だ」くらい言ってもいいでしょう）。

その他のフレーズ解説

● **I have +** 過去分詞 ．／ **I have never +** 過去分詞 ．
（〜したことがあります。／一度も〜したことがありません。）

● **Have you ever +** 過去分詞 ？
（今までに〜したことがありますか?）

対話041 初 め て の ス キ ュ ー バ ダ イ ビ ン グ で 、 経 験 者 の 参 加 者 と の 会 話

自分 This is my first time going scuba diving. I'm really nervous.

相手 Don't worry. It's very safe.

自分 Are you sure? I'm not a great swimmer.

相手 You don't have to be a good swimmer to learn scuba diving.

自分 What about sharks? Have you ever seen a shark?

相手 I have never seen a shark anywhere in this diving resort.

自分 Really? How long have you been diving here?

相手 A long time. I have tried other diving spots, but this is the best.

けてもらう

日本語訳

スキューバダイビングをするのはこれが初めてです。すごく緊張してます。

心配しないで。とても安全ですよ。

本当ですか？　私は泳ぐのが上手ではありませんよ。

スキューバダイビングを習うのに水泳が得意である必要はありませんよ。

サメはどうですか？　サメを見たことがありますか？

このダイビングリゾートで一度もサメを見たことがありませんよ。

本当に？　どのくらいここでダイビングをしていますか？

長い間です。他のダイビングスポットを試したことがありますが、ここが一番ですよ。

42 道を教えてもらう①

> ## Where are we on this map?
> （今私たちは地図のどこにいますか?）

今ではスマホの地図アプリで道を探す人も多いのですが、せっかくなので街行く人に英語で話しかけてみましょう。いろいろな経験ができますよ。

道に迷ったら英会話のチャンス

僕の経験では、どの国でもみんな本当に親切です。特にイタリア・デンマーク・ポーランド・オランダなど、ヨーロッパの人たちは本当に親切に道を教えてくれました。せっかくですので、こういう場面も英会話を使うチャンスと考えましょう。

「今どこ?」を直訳して、×）Where is now? のような破壊的な英語ではなく、地図を見せながらスッと、Where are we on this map? と言えると、とてもスマートです。

その他のフレーズ解説

● **What street is this?**（ここは何通りですか?）
　　※海外、特にヨーロッパでは通りの名前に従って進むとラクなことが多いです。

● **Is there a ～ around here?**（この辺りに～はありますか?）

● **There is ～ on ….**（…に～があります。）

84

対話042　海外の街中で迷った

自分 Excuse me. What street is this?

相手 This is Baker Street.

自分 I have a map here, but I'm a little confused about where we are. Where are we on this map?

相手 Right here.

自分 Thank you. And I'd like to ask you one more thing. Is there a **convenience store** around here?

相手 Yes, there is. There's **one on** the next block.

自分 Okay. Thank you very much for your help.

相手 You're welcome.

6

助けてもらう

日本語訳

すみません。ここは何通りですか？

ここはベイカー通りです。

地図を持っているのですが、今どこにいるかちょっと混乱しているんですよ。今私たちは地図のどこにいますか？

ちょうどここです。

ありがとうございます。それともう1つ聞きたいことがあるんですが。この辺りにコンビニはありますか？

はい。次のブロック（道路までの建物のかたまり）にあります。

わかりました。助けてくださって本当にありがとうございます。

どういたしまして。

43 道を教えてもらう②

> Do you know how to get to〔場所〕?
> (～への行き方を知っていますか?)

地図を片手に、目的地を指さしても伝わりますが、やはりきちんとした英語で聞きたいですよね。

「どこ?」より「知ってる?」が丁寧

いきなり「どこ?」と言うより、**Do you know**「知っていますか」で始めるとスマートな感じになります。how to ～「～の方法」、get to ～「～に着く」で、直訳は「～へ着く方法を知っていますか」となります。たとえば、**Do you know how to get to Wall Street?**「ウォール街への行き方を知っていますか?」となります。
※他に Could you tell me how to get to ～ ? の形も便利です
（189 ページ）。

また、以下のその他のフレーズですが、命令文で使うのが普通です。
英語が得意な人ほど、please をつけて、Please turn right. のようにしてしまいがちです。その配慮自体は良いことですが、命令文は必ずしも命令調とは限らず「もうそうするしかない」ときに普通に使われます。しかも、この道を案内する表現では、もはや決まり文句と化しているので、言われた相手がムッとすることはありません。

その他のフレーズ解説

● **go straight**（まっすぐ進む）
● **turn right[left] at ～**（～を右［左］に曲がる）

85

自分 **Excuse me, do you know how to get to the Marble Arch tube station?**

相手 **Yes. We're on Bryanston Street now. Go straight that way and turn right at the first intersection. That'll be Great Cumberland Place. Walk one block and then turn left onto Oxford Street. Go straight for about 50 meters, and you'll see the entrance to the station on your left.**

自分 **Thank you. I think I've got it. If I get lost, I'll just ask another person.**

相手 **Well, come to think about it, I'm going there anyway. If you like, I'll show you the way.**

自分 **I would appreciate that very much.**

6

助けてもらう

日本語訳

すみません、マーブル・アーチ駅（ロンドンにある駅の名前）への行き方ってわかりますか？

ええ。今いるのがブラインストン通りです。そこをまっすぐ行って最初の交差点を右に曲がってください。そこはグレート・カンバーランド・プレイスです。1ブロック歩いて、左に曲がってオックスフォード通りに入ってください。50メートルほど直進すると、左手に駅の入り口が見つかります。

ありがとうございます。これでわかったと思います。もし迷ったら、他の人に聞いてみます。

ああ、考えてみれば、僕もどうせ向かうから、よければ一緒に案内しますよ。

そうしてもらえると本当に助かります。

Column5
まずは「日本語で言ってしまう」のもアリ

　練習したことのない言葉や、そもそもフレーズ化していない内容を話すとき、英語がパッと出てこないことはよくあります。そんなとき「まずは日本語で言ってしまう」という奥の手があります。

　日本語で「私は駅に行きたいんです」と小さい声でつぶやくと、その後に、"I want to go to the station." という英文がスラスラ出てくることがあるのです。これは日本語で一度言ってしまうことにより「その状況で言うべきことが整理される」「日本語がヒント・きっかけになって、英語が出やすくなる」からだと思います。実はこの発想は udon noodles のところでも使っていたのです（162 ページ）。一度「うどん」と言った後なら noodle が出やすくなるのです。

　ちなみにこの発想を思いついたのは以前、『有吉ジャポン』という TV 番組の「渋谷のギャルを 1 か月で英会話できるようにする」という企画に僕が講師として出演したときです。3 人のギャルに合宿のように英語を教えました。普段は饒舌でお喋り好きな彼女たちも英語だと固まってしまうのです。どうにも英語が出ないので、一度「日本語でいいから言葉を発してみて」と僕が指示を出すと、実に自然なタイミングで言葉を出せました。ネイティブの口から pizza という言葉が聞こえただけで（他の内容はわからないのに）、「あ、ピザ好き〜」と言えたりしたのです。これをヒントに僕は「一度日本語で言ってみて、それから英語にしてみて」と言ったところ、（もちろん知らない単語の場合は出ませんが）見違えるほどの英語を口にできるようになりました（この場合なら、I like pizza.）。

　多少返答がズレていても、そこから話が広がるかもしれませんし、何より「リアクションを取っている」という点で、非常に優れたコミュニケーションなのです。

161 Ⓐ "weather" と "climate" の違いは何ですか?

What's (　　　　) between weather and climate?

Ⓑ "weather" は一時的な気象状態で、"climate" は比較的長期的な気象状態を表します。

Weather is the condition of the atmosphere for short periods of time, while climate describes relatively long periods of time.

---

162 Ⓐ 私の名前はヤマモト ヤマトです。
シングルルームを1泊で予約しています。

My name is Yamato Yamamoto. I have a reservation (　) a single room (　) one night.

Ⓑ かしこまりました。ご予約を確認させていただきます。

All right. Let me check your reservation.

---

163 Ⓐ こんにちは！　私の名前はオードリーです。

Hello! My name is Audrey.

Ⓑ すいません、よく聞こえません。

Sorry, I can't (　　　　).

Ⓐ それはごめんなさい。カメラをオフにさせてください。

I'm sorry about that. Let me turn off my camera.

161Ⓐ "weather" と "climate" の違いは何ですか？

What's the difference between weather and climate?

Ⓑ "weather" は一時的な気象状態で、"climate" は比較的長期的な気象状態を表します。

Weather is the condition of the atmosphere for short periods of time, while climate describes relatively long periods of time.

似た単語の、ニュアンスの違いを聞くときに便利な表現です。また、the difference between American and British English なども便利です。　　▶フレーズ 36

162Ⓐ 私の名前はヤマモト ヤマトです。シングルルームを1泊で予約しています。

My name is Yamato Yamamoto. I have a reservation for a single room for one night.

Ⓑ かしこまりました。ご予約を確認させていただきます。

All right. Let me check your reservation.

for は「フォー」ではなく、軽く「フォ」と発音すると英語らしくなります。
　　▶フレーズ 37

163Ⓐ こんにちは！　私の名前はオードリーです。

Hello! My name is Audrey.

Ⓑ すいません、よく聞こえません。

Sorry, I can't hear you well.

Ⓐ それはごめんなさい。カメラをオフにさせてください。

I'm sorry about that. Let me turn off my camera.

Ⓑのように、I can't hear you well. の前にひとこと sorry を入れるといいですよ。

　　▶フレーズ 38

164 Ⓐ "I like beef better than pork." 私の英語は正しいですか?

"I like beef better than pork."
Is my English (   )?

Ⓑ はい、大丈夫ですよ!

Yes, that's correct!

164
「正しい」をcで始まる単語にしてください。返答も大きなヒントになります。

---

165 Ⓐ 今までにアルバイトをしたことがありますか?

(   ) you (   ) had a part-time job?

Ⓑ はい、あります。いろいろなアルバイトをしたことがあります。

Yes, I have. I've had a number of part-time jobs.

165
「今までに」はeで始まる単語を使ってください。

6

助けてもらう

---

166 Ⓐ すみません。ここは何通りですか?

Excuse me. (   ) is this?

Ⓑ ここはラングフォード・アベニューです。

This is Langford Avenue.

166
「通り」はsで始まる単語を使ってみてください。

164Ⓐ "I like beef better than pork." 私の英語は正しいですか？

"I like beef better than pork." Is my English correct?

Ⓑ はい、大丈夫ですよ！

Yes, that's correct!

l を使った collect だと「集める」になります。「集める」に意味が近い select「選ぶ」とセットにすると整理しやすいと思います。 ▶フレーズ 39

165Ⓐ 今までにアルバイトをしたことがありますか？

Have you ever had a part-time job?

Ⓑ はい、あります。いろいろなアルバイトをしたことがあります。

Yes, I have. I've had a number of part-time jobs.

a part-time job は「アルバイト」のことです（「アルバイト」自体は英語ではなくドイツ語に由来しています）。 ▶フレーズ 41

166Ⓐ すみません。ここは何通りですか？

Excuse me. What street is this?

Ⓑ ここはラングフォード・アベニューです。

This is Langford Avenue.

Ⓑ は Street ではなく Avenue となっていますが、通りの名前には Street/Avenue/Road などの単語が使われます。 ▶フレーズ 42

167 Ⓐ ここから病院への行き方ってわかりますか?

Do you know (　　) get to the hospital from here?

Ⓑ はい、この道をまっすぐ行けば右側に見えますよ。

Yes, just go straight and you'll see it on the right.

---

168 Ⓐ この段落はわかりますか?

Do you understand this paragraph?

Ⓑ いいえ、わかりません。もう一度読んでいいですか?

No, (　　　　　). Can I read it again?

6

助けてもらう

---

169 Ⓐ はじめまして!　エミリー・ワトソンです。

Nice to meet you! I'm Emily Watson.

Ⓑ こんにちは。以前お会いしたことがありますか?あなたの名前に聞き覚えがあるんですよね。

Hi. Have we met before? Your name (　　　) with me.

167 Ⓐ ここから病院への行き方ってわかりますか？

Do you know how to get to the hospital from here?

Ⓑ はい、この道をまっすぐ行けば右側に見えますよ。

Yes, just go straight and you'll see it on the right.

余裕があれば、聞かれた立場に立ってⒷのセリフも練習しておきましょう。

▶フレーズ 43

---

168 Ⓐ この段落はわかりますか？

Do you understand this paragraph?

Ⓑ いいえ、わかりません。もう一度読んでいいですか？

No, I don't understand. Can I read it again?

今回の Can I read it again? のように、Yes/No を答えた後に、何をしたいかを言うのもよいでしょう。

▶フレーズ 35

---

169 Ⓐ はじめまして！　エミリー・ワトソンです。

Nice to meet you! I'm Emily Watson.

Ⓑ こんにちは。以前お会いしたことがありますか？　あなたの名前に聞き覚えがあるんですよね。

Hi. Have we met before? Your name rings a bell with me.

Your name sounds familiar. と言っても OK です。

▶フレーズ 36

170 Ⓐ 両親に花をあげたら、とても幸せそうでした。

I gave my parents some flowers and they looked like very happy.

Ⓑ "They looked very happy"と言うほうがもっと良いですよ。

( ) to say, "They looked very happy."

---

171 Ⓐ 質問してもいいですか?

( ) you a question?

Ⓑ もちろん。どうぞ。

Sure. Go ahead.

6
助けてもらう

---

172 Ⓐ 私は以前、大学で数学を教えたことがあります。

I ( ) math at university before.

Ⓑ すごいですね。そこでどのくらい数学を教えたのですか?

That's impressive. How long did you teach there?

170Ⓐ 両親に花をあげたら、とても幸せそうでした。

I gave my parents some flowers and they looked like very happy.

Ⓑ "They looked very happy" と言うほうがもっと良いですよ。

It's better to say, "They looked very happy."

It is … to ～ の形で、It はとりあえず置かれた主語で特に意味はありません（仮主語や形式主語と言われます）。本当の主語は to 以下で、これを「真主語」と言います。

▶フレーズ 39

171Ⓐ 質問してもいいですか？

May I ask you a question?

Ⓑ もちろん。どうぞ。

Sure. Go ahead.

軽く聞く感じなら、Can I ask ～ となります。　　　　　　　▶フレーズ 40

172Ⓐ 私は以前、大学で数学を教えたことがあります。

I have taught math at university before.

Ⓑ すごいですね。そこでどのくらい数学を教えたのですか？

That's impressive. How long did you teach there?

会話では I've のように短縮することが多いです。　　　　　　▶フレーズ 41

173 Ⓐ 今私たちは地図のどこにいますか？

( ) on this map?

Ⓑ えーと、ここだと思います。

Let me see. I think we're here.

---

174 Ⓐ ガソリンスタンドへの行き方を知っていますか？

Do you know how to get to a gas station?

Ⓑ はい。まっすぐ進んで、2つ目の角で右側に見えますよ。

Yes. ( ), and you'll see it on the right at the second corner.

---

175 Ⓐ そのつづりがわかりません。タイプしていただけますか？

I don't know how to spell that. ( ) it for me?

Ⓑ もちろんです。タイプします。

Sure. I'll type it for you.

🔊 90

173Ⓐ 今私たちは地図のどこにいますか？

Where are we on this map?

Ⓑ えーと、ここだと思います。

Let me see. I think we're here.

疑問文なので、Where の後は、are we です（we are でも通じますのでミスしてもあまり気にしなくて大丈夫です）。

▶フレーズ 42

174Ⓐ ガソリンスタンドへの行き方を知っていますか？

Do you know how to get to a gas station?

Ⓑ はい。まっすぐ進んで、2つ目の角で右側に見えますよ。

Yes. Go straight, and you'll see it on the right at the second corner.

straight の最後は「ト (to)」ではなく「トゥ (t)」と発音してください。

▶フレーズ 43

175Ⓐ そのつづりがわかりません。タイプしていただけますか？

I don't know how to spell that. Could you type it for me?

Ⓑ もちろんです。タイプします。

Sure. I'll type it for you.

この会話のように、堂々と I don't know how to spell that. と言って OK です。遠慮は不要です。

▶フレーズ 35

176 Ⓐ 聞こえますか？

Can you (　　) ?

Ⓑ はい、とても良く聞こえますよ。私の声は聞こえますか？

**Yes, I can hear you very well.
Can you hear me?**

177 Ⓐ 昨日、踊りに行きます。とても楽しかったです！

**Last night, I go dancing.
It was a lot of fun!**

Ⓑ 「踊りに行きました」と言うほうがいいですよ。

(　　) say, "I went dancing."

6
助けてもらう

178 Ⓐ "improve" の意味は何ですか？

(　) does "improve" (　) ?

Ⓑ "Improve"は「良くなる」という意味です。

**"Improve" means to become
better.**

176 Ⓐ 聞こえますか?

Can you hear me?

Ⓑ はい、とても良く聞こえますよ。私の声は聞こえますか?

Yes, I can hear you very well. Can you hear me?

Ⓑのように、相手にも確認すると会話としてスムーズです。 ▶フレーズ 38

---

177 Ⓐ 昨日、踊りに行きます。とても楽しかったです!

Last night, I go dancing. It was a lot of fun!

Ⓑ 「踊りに行きました」と言うほうがいいですよ。

You should say, "I went dancing."

should は「〜すべき」と習いますが、今回のように「〜したほうがいいよ」という場面で頻繁に使われます。 ▶フレーズ 39

---

178 Ⓐ "improve" の意味は何ですか?

What does "improve" mean?

Ⓑ "Improve"は「良くなる」という意味です。

"Improve" means to become better.

does を使ったら、動詞は原形 mean です。ここを means にする必要はありません(この程度のミスは問題ありませんが)。 ▶フレーズ 40

179 Ⓐ スノーボードはしますか？

Do you snowboard?

Ⓑ いえ、一度もスノーボードをしたことがありません。楽しいですか？

**No, I (　　　　　)
snowboarding. Is it fun?**

179
「経験したことがない」
には not でもいいので
すが、ne で始まる単語
を、「する」には「試す」
を意味する単語を使っ
てください。

180 Ⓐ すみません、この辺りにコンビニはありますか？

**Excuse me, (　　　) a
convenience store (　　　) here?**

Ⓑ はい、でもここから少し遠いですね。

**Yes, but it's a little far from
here.**

180
「この辺り」→「ここの
周りに」と考えてくださ
い。

6

助けてもらう

181 Ⓐ 昨夜テレビで『カサブランカ』っていう古い映画を見たんだ。

**I saw an old movie called
"Casablanca" on TV last night.**

Ⓑ 聞いたことあるな。前に見たことあるかも。

**That name (　　　　). I think
I've seen it before.**

181
「響く・鳴らす」という
意味の動詞を使いま
す。

179 Ⓐ スノーボードはしますか？

Do you snowboard?

Ⓑ いえ、一度もスノーボードをしたことがありません。楽しいですか？

No, I have never tried snowboarding. Is it fun?

Ⓐは Do you という現在形を使っているので、「あなたはいつも（習慣的に）〜しますか？」と聞いています。

▶フレーズ 41

---

180 Ⓐ すみません、この辺りにコンビニはありますか？

Excuse me, is there a convenience store around here?

Ⓑ はい、でもここから少し遠いですね。

Yes, but it's a little far from here.

日本語と違って、convenience store は conveni のように略しません。

▶フレーズ 42

---

181 Ⓐ 昨夜テレビで『カサブランカ』っていう古い映画を見たんだ。

I saw an old movie called "Casablanca" on TV last night.

Ⓑ 聞いたことあるな。前に見たことあるかも。

That name rings a bell. I think I've seen it before.

That name sounds familiar. と言っても OK です。

▶フレーズ 36

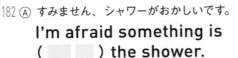
182 Ⓐ すみません、シャワーがおかしいです。

I'm afraid something is (   ) the shower.

Ⓑ かしこまりました。係の者に調べさせます。少々お待ちください。

Okay, I'll send someone to check on it. One moment, please.

---

183 Ⓐ "Popular" 私の発音は正しいですか？

"Popular." Is my (   ) correct?

Ⓑ 問題ありませんが、"pop-yuh-ler"と言うほうがいいですよ。

I can understand you, but you (   ), "pop-yuh-ler."

---

184 Ⓐ 今までにタバコをやめたことはありますか？

Have you ever quit smoking before?

Ⓑ タバコをやめるのはこれが初めてです。

This is (   ) quitting smoking.

182Ⓐ すみません、シャワーがおかしいです。

I'm afraid something is wrong with the shower.

Ⓑ かしこまりました。係の者に調べさせます。少々お待ちください。

Okay, I'll send someone to check on it. One moment, please.

会話では something's となることが多いですが、無理せずきちんと言えることを優先してください。 ▶フレーズ 37

183Ⓐ "Popular" 私の発音は正しいですか?

"Popular." Is my pronunciation correct?

Ⓑ 問題ありませんが、"pop-yuh-ler" と言うほうがいいですよ。

I can understand you, but you should say, "pop-yuh-ler."

should は友だちに軽く提案するときにも使える便利な単語です。「〜したほうがいいよ」という場面で頻繁に使われます。 ▶フレーズ 39

184Ⓐ 今までにタバコをやめたことはありますか?

Have you ever quit smoking before?

Ⓑ タバコをやめるのはこれが初めてです。

This is my first time quitting smoking.

quit は後ろに動名詞をとり quit -ing「〜するのをやめる」です。

▶フレーズ 41

おわりに

hanaso から僕に監修・コンサル依頼がきた 2011 年、スタッフが最初にこだわっていたのが「教材」でした。

みなさんからすると、「スクールが教材に力を入れるのは当たり前でしょ？」と思うでしょうが、大半の場合は「既成の教材」が使われているはずです。もちろんそれが悪いということではありませんが、僕にはそこに熱は感じられません。いざ教材をゼロからつくるのはものすごい労力・時間、そして何より圧倒的にコストがかかるのです。

ですから僕は「オリジナル教材という発想は素晴らしいけど、膨大な時間とコストがかかるので既成の教材を使ったほうが "ビジネスとしては" はるかに賢い」と、あくまで「コンサルタント」として伝えました。教材は業者から購入すれば解決するのですから。

しかし彼らから出た言葉は「いえ、利益よりも "英語が話せるようになる" サービスをつくりたいのです」というものでした。これを聞いて僕は正式にオファーを引き受け、かれこれ 12 年ずっと一緒に仕事をしています。静岡県富士市の本社に東京から 3 日連続で新幹線で通ったり、朝から晩まで会議室でスタッフと教材をつくったりしました。

そのときからお世話になっている、重森渉さん、渡邉勝之さん、関野洋一郎さん、漆畑努さん、そして hanaso のスタッフ全員と真剣に、魂を込めてつくりあげてきた教材です。日本一の富士山のそばに本社がある hanaso の教材が、文字通り日本一優れた教材になるべく頑張りました。

最後にこの本がみなさんに届くまでに尽力してくれたすべての方々に感謝します。そして何より、本書を手に取り学んでくださった読者のみなさんに感謝申し上げます。本当にありがとうございました。

関 正生

著者

関正生 せき まさお

1975年東京生まれ。埼玉県立浦和高等学校、慶應義塾大学文学部（英米文学専攻）卒業。TOEIC®テスト990点満点取得。リクルート運営のオンライン予備校『スタディサプリ』で、全国の大学受験生・中学生・社会人など、年間140万人以上に指導している。受験英語だけでなく、資格試験、ビジネス英語、日常英会話までの指導実績があり、日本の英語教育界では稀有の存在。
著書は『真・英文法大全』『カラー改訂版 世界一わかりやすい英会話の授業』（ともにKADOKAWA）、『サバイバル英会話』（NHK出版新書）など、120冊以上。著書累計は300万部を超える。
オンライン英会話スクールhanaso（株式会社アンフープ）での教材監修のほか、NHKラジオ講座『小学生の基礎英語』や英語雑誌『CNN ENGLISH EXPRESS』（朝日出版社）でのコラム連載、様々なビジネス雑誌・新聞の取材、TV出演など多数。
丸暗記に頼らない、英語の本質を理解する力を養成することをモットーにしている。

ネイティブが使っている
43のテクニックで英語が楽しくなる！

著　者	関　正生	
発行者	高橋秀雄	
編集者	梅野浩太	
発行所	**株式会社 高橋書店**	

〒170-6014 東京都豊島区東池袋3-1-1 サンシャイン60 14階
電話　03-5957-7103

ISBN978-4-471-11345-2　©SEKI Masao Printed in Japan